불멸의 양식

불멸의 양식

개정판1쇄 발행 2012년 1월 21일
개정판2쇄 발행 2012년 2월 10일

지 은 이 일리아스 마스트로야노플로스
옮 긴 이 마은영 마그달리니
펴 낸 이 암브로시오스 대주교
펴 낸 곳 정교회출판사
출판등록 제313-2010-5호

주   소 서울특별시 마포구 아현동 424-1
전   화 02)364-7020
팩   스 02)365-2698
e-mail   editions@orthodox.or.kr

* 잘못된 책은 바꿔드립니다.

정가 8,000원
ISBN 978-89-92941-23-5   03230

ⓒ정교회출판사, 2012

* 이 책에 실린 내용은 무단복제와 무단전재를 할 수 없습니다.

불멸의 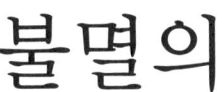 양식

일리아스 마스트로야노플로스 지음
마은영 마그달리니 옮김

정교회출판사

■ **차례**

제1장_성체 성혈이란 무엇인가?

1. 매우 귀중한 보물   8
2. 다락방에서   12
3. 놀라운 예시   17
4. 순교자들의 무기   21
5. 제사   27
6. 지금도 그때처럼   32
7. "그리스도 안에서"   36
8. "생명의 빵"   39
9. 진정한 양식   43
10. "기념하여"   47
11. 성체 성혈의 특성들   52

제2장_우리는 어떤 준비를 해야 하나?

1. 정결한 몸   58
2. "경건한 마음과 믿음으로"   65
3. "각 사람은 자신을 살피고"   72
4. "바로 서서"   78

제3장_우리는 어떤 이익을 얻나?

1. 선물의 근원　　　　　　　　84
2. "사자처럼"　　　　　　　　92
3. 일치와 신성화　　　　　　　96
4. "세든 분이며 집"　　　　　100
5. 달고도 단 열매　　　　　　106
6. 불가사의한 보고　　　　　　111

제4장_얼마나 자주 우리는 성체 성혈을 모셔야 하나?

1. "전념하는 사람들"　　　　　　118
2. 계속되는 부활절　　　　　　　125
3. 성찬식에 참여하기를 거부하는 사람들에 대한 충고　　132
4. 금식은 꼭 필요한 것인가?　　　143

■ 영성체 준비예식에서　　　　145

제1장
성체 성혈이란 무엇인가?

1. 매우 귀중한 보물

인간은 언제나 힘을 가지려 하며 권력을 얻고자 하는 억누를 수 없는 욕망을 갖고 있습니다. 동시에 인간은 일용할 양식을 구하기 위해 투쟁합니다. 그러나 또한 재물을 얻고자 하지 않을 사람이 누가 있겠습니까? 정도의 차이는 있겠지만, 이 세상 사람치고 이 세 가지를 얻기 위해 애쓰지 않는 사람은 없을 것입니다.

그러나 이 모든 것 위에 힘이며 양식이며 재물인 그 무엇이 존재합니다. 그것은 많은 사람들에게 있어서 그 본질이 알려지지도 않고 이용되지도 않은 채 남아 있는 숨겨진 보물입니다. 그 보물은 마땅히 우리 인생의 중심이 되어야 하는데도 우리는 자주 그것을 잊어버리고 또 느끼지 못하거나 잘 이용하지 않고 있습니다. 그것은 또한 매우 영양가 높은 음식임에도 불구하고 많은 사람들은 규칙적으로 그것을 먹지 않음으로 해서 영적으로는 영양부족의 상태에 있으며, 그들의 영혼은 굶주려 있습니다. 수많은 발명

품과 기계 문명과 거기에서 얻는 편안함에 물든 현대 사회는 불행히도 "최후의 만찬","불멸의 약"에 대해 생각할 시간이 없습니다. 우리는 그리스도교인이라고 말하면서도 우리 가운데 몇몇은 그리스도를 우리 안에 모시지도 않으며, 그리스도와 친교를 맺지도 않습니다. 평화와 휴식과 기쁨과 힘을 우리는 원합니다만, 당연히 해야 하는 횟수만큼 천상의 시원함을 제공하는 생명의 잔에 가까이 다가서지 않습니다. 우리 영혼에 평화를 주고 우리 인생을 바로 잡아주는 살아있는 빵이 있는 거룩한 제단에도 가까이 가지 않습니다. 우리는 모두가 하나가 되고 형제가 되기를 원하지만, 모순되게도 신비의 일치를 주는 성체 성혈 성사에 모두 참가하지는 않습니다. 바로 여기에 우리 시대의 비극, 현대판 탄탈로스의 비극이 있는 것 같습니다. 다시 말해서 생명의 잔이 가까이 있는데도 목을 축이고 갈증을 풀기 위해 그것을 마시는 사람은 많지 않은 것입니다.

  우리 옆에는 성스러운 만찬인 신비로운 식탁이 항상 준비되어 있으며, 이 식탁이 있는 목적은 새롭고 거룩한 예수 그리스도의 생명을 우리에게 주고, 연약하고 보잘것없는 인간을 전능하신 하느님과 하나가 되게 하고, 우리를 하느님의 속성과 친교를 맺은 자가 되게 하기 위한 것입니다. 이는 거룩한 우리 교회의 영적이고 가족적인 식탁인 것입니다. 그곳에서 사랑과 형제애의 맥박소리가 들려옵니다. 중세와 근세가 만나는 시기에 살았던 한 성직자가 얘기했듯이 "성체 성혈 성사는 하느님이 우리와 하나가 되는 것이며, 우리가 하느님의 속성을 얻는 것이며, 축복을 받는 것이며, 완성되는 은혜를 받는 것이며, 광명이며, 모든 적으로부터 보호받는 것이며, 모든 좋은 것을 받는 것입니다."

바로 그렇기 때문에 신자들이 믿음을 갖고 성찬예배에 참여한 후에는 힘이 강해짐과 만족감과 성스러운 전율과 영혼의 떨림과 부활과 다시 세례 받음과 광명과 순화됨과 천상의 신비로운 기쁨을 느끼게 되는 것입니다. 이것이 바로 인간과 하느님의 만남이며, 이때가 우리가 이 세상에서 경험할 수 있는 순간 중에서 가장 중요하고 가장 성스럽고 가장 거룩한 순간입니다.

그러나 바로 이런 이유 때문에 어떻게 하면 우리가 이 귀중한 보물을 더욱 잘 이해할 수 있으며 어떻게 하면 이 거룩하고 신비로운 예식에 적극적으로 참여하여 더 많은 이익을 얻을 수 있을까 하는 문제들이 우리에게 대두됩니다. 우리는 흔히 신성한 감사 성사는 신비의 성사이며, 제사이며, 만찬이며, 성체 성혈 성사라고 말합니다. 그러나 이 모든 단어들은 무엇을 의미하는 것일까요?

각 교인들의 영혼 속에 생겨나는 이런 의문들에 대해 명백하고, 구체적이고, 권위 있는 대답이 주어져야 할 것입니다. 본 책의 저자는 성경과 우리 교회의 거룩한 전통을 안내자로 삼아 이런 의문점들에 해답을 주는 작업을 행하려 합니다. 그러므로 독자 여러분들도 이 귀중한 보물에 대해 다 같이 생각해보고 연구해보지 않으시렵니까? 우리 다 같이 이 영적인 식탁에서 기쁨을 맛보고, 새로운 자세와 불타는 열망 속에서 우리의 어머니인 교회가 오라고 외칠 때마다 가까이 다가갑시다. 교회에 가서 우리의 지도자 그리스도와 떨어지지 않는 한몸이 됩시다. 우리 모두가 힘과 의지할 곳과 정신적으로 새로워지고 싶은 필요성을 느끼고 있는 지금, 위기에 처해 있는 이 시대에 이렇게 되어야 할 필요성은 대단히 큰 것입니다.

2. 다락방에서

 신성한 감사 성사는 언제 어디서 어떻게 시작되었으며 누가 그것을 처음으로 행했을까요?

 이 중대한 문제에 대해 사도들인 복음서 작가들은 명백한 증거를 제시하고 있습니다. 첫 세 복음서 작가들과 사도 바울로는 이 위대하고 유일한 역사적인 사건인 신비의 성사가 처음에 어떻게 거행되었는가를 자세하게 기록하고 있습니다. 마태오에 의한 복음 26장, 마르코에 의한 복음 14장, 루가에 의한 복음 22장, 고린도인들에게 보낸 첫째 편지 11장을 보면 성령을 입은 네 명의 작가들이 이 성사를 단순하지만 생생하게 묘사하고 있음을 볼 수 있습니다.

 때는 성 대 목요일 저녁, 인간을 구원하시기 위해 고난 받으시기 전날이었습니다. 예수 그리스도께서는 과월절 날 소위 최후의 만찬으로 알려진 마지막이고 특별한 만찬을 그의 사랑하는 제자들과 함께 드시기 위해 예루살렘에 있는 큰 다락방으로 제자들과 함께 올라가셨습니다.

천상의 분위기 속에서 식사가 진행되던 도중, 주님은 손에 빵을 드시고, 하늘에 계신 아버지께 감사드리시고, 떼어내신 후 제자들에게 말씀하셨습니다. "받아 먹어라. 이는 너희를 위하여 떼어내는 내 몸이니라. 너희는 나를 기념하여 이를 행하라." 그리고 계속하여 잔을 드시고, 하느님께 다시 감사드리신 후 제자들에게 주시며 말씀하셨습니다. "이것은 새로운 언약을 맺는 내 피이니, 많은 이의 죄사함을 위하여 흘리는 피이니라."

이런 말씀과 행동을 하심으로써 구세주께서는 신성한 감사 성사 혹은 성체 성혈 성사 혹은 빵을 떼어내는 성사를 처음 시작하셨고 이를 후세에 전수하셨습니다. 그의 명령은 분명했고 절대적이었으며, 다음과 같은 세 가지를 지시하고 있습니다.

가) 제자들은 그리스도의 말씀에 따라 신성한 감사 성사를 행해야 한다.
나) 구세주인 메시아를 기념하여 이 성사가 행해져야 한다.
다) 신자들은 죄사함을 받기 위해 그리스도의 몸을 먹고 피를 마셔야 한다.

주님의 이러한 지시는 상징적이거나 우화적인 면을 전

혀 갖고 있지 않습니다. 이 성사가 행해질 때마다 빵과 포도주가 그리스도의 몸과 피로 변하는 것입니다. 어떻게 이런 일이 가능할까요? 성령의 힘과 역사하심을 통하여 "인간의 상상을 초월하며 말로는 표현될 수 없는 신비로움" 속에서 이루어지는 것입니다. 우리의 감각으로는 도저히 이해할 수 없는 일이기에 이를 신비의 성사라고 부릅니다. 우리의 육안으로는 일어난 변화를 도저히 볼 수 없지만 신앙의 눈은 이를 보는 것입니다. 이 거룩하고 두려운 신비의 성사 속에 예수 그리스도께서는 형식적으로나 상징적으로 계시는 것이 아니라 "진정으로 본질적으로" 계심을 우리는 믿습니다. 참으로 그리스도께서는 제사를 드리는 이로서 그리고 또 받는 이로서, 희생을 집행하는 이로서 또 희생당하는 이로서, 희생을 시키는 이로서 또 희생물로서 그곳에 계십니다.

제1차, 제3차, 제7차 세계 공의회와 교부들은 이러한 신앙의 위대한 진실을 강조하고 있습니다. 그들과 더불어 우리 모든 정교회 교인들은 "하느님의 말씀으로, 빵이 말씀이신 하느님의 몸으로 변화됨을" 믿습니다. 다시 말해서 빵이 하느님의 말씀과 축복에 의해 인간이 되신 하느님 그리스도의 몸으로 성화되고 변화되는 것입니다 그리하여 우리 모두가 예루살렘 성인 끼릴로스와 함께 신앙고백을 합니다. "빵처럼 보이지만 빵이 아니며 빵맛이 나지만 이는 그리스도의 몸이니라." 한편 성 요한 크리소스톰은 다음과 같이 강조하고 있습니다 : "보라. 너희가 보고 만질 수 있는 그분(그리스도)을 먹는도다."

그러면 신성한 감사가 행해지기 위해 필요한 것들은 무엇일까요?

(가) 빵(효소가 들어가지 않은 빵이 아니라 효소가 들어간 빵)과 포도주.

(나) 사제(정식으로 신품성사를 받아 사도로부터 이어오는 계승권을 가진 자와 거룩한 제단.

(다) 축성기도. 이 축성기도는 성찬예배의 중심이며 성 야곱과 교부 성 대 바실리오스와 성 요한 크리소스톰에 의해 만들어진 내용대로이며 다음과 같은 중요한 구절이 꼭 포함되어 있습니다 : "당신의 성령에 의해 이 빵이 당신의 아들 그리스도의 고귀한 몸이 되게 하시고, 이 잔에 들어있는 것이 당신의 아들 그리스도의 고귀한 피가 되게 하소서." 이때가 성찬예배의 가장 존엄하고 가장 거룩한 순간이며, 이런 이유로

사제와 신도들은 절대적인 침묵 속에서 무릎을 꿇고 깊이 회개하는 마음으로 기도를 드립니다.

이렇게 위대하고 두려운 신비의 성사가 행해질 때마다 이 성사는 (가) 우리를 해방시키기 위해 돌아가신 그리스도의 죽음을 기념하고, 구세주로서의 그분의 부활을 또한 기념하며, 그분에게 영광과 찬송과 감사를 드리기 위해 바쳐지며, (나) 고이 잠든 정교회 교인들의 안식을 위해 바쳐지며, (다) 살아있는 우리들에게 자비와 죄사함이 베풀어지기를 바라며 행해집니다.

피 흘림 없는 이 제사가 행해질 때마다 거룩한 제단은 땅을 하늘과, 인간을 하느님과, 피조물을 창조주와, 약한 인간을 강한 하느님과 결합시키는 역할을 하며, 구세주 그리스도께서 우리를 구원하시기 위해 당하신 희생이라는 영원히 마르지 않는 샘에서 나오는 생명의 은혜를 교인에게 제공합니다.

3. 놀라운 예시

신성한 감사 성사가 얼마나 중요한 일인가는 이미 주님께서 이를 행하시기 수 세기 전부터 구약에서 많은 예언자들과 예시와 상징을 통해 예보되었다는 사실로부터 충분히 알 수 있습니다.

이러한 많은 예시들 중에서 가장 중요한 것은 유대인들의 과월절 풍습입니다. 모세가 그의 선택받은 백성을 이집트의 노예살이로부터 해방시키려 할 때 각 가정에서 양 한 마리를 잡으라는 하느님의 명령을 받고 이를 이스라엘 백성들에게 전했습니다. 그 양들의 피를 받아 문설주에 바르면 천사들이 그들의 맏아들을 죽이지 않는다는 것이었습니다. 그리고 나서 이스라엘 백성들은 잡은 양을 두 개의 나무에 십자가형으로 매달고, 불에 구워서, 그들의 구원을 기념하면서 조심스럽게 먹었습니다. 이 죄 없는 희생물이 바로 세상의 구원을 위해 자신을 내놓으시고 돌아가신 하느님의 양, 그리스도의 상징이었습니다. 이스라엘 사람들이 양을 희생한 것이 흠 없는 양이신 그리스도의 희생을 상징하고 있었습니다.

홍해를 건넌 후, 모세는 파스카(과월), 즉 노예에서 약속의 땅으로 넘어온 것을 기념하여 과월절 축제를 지킬 것을 명하였습니다. 이 축제기간 중 모세는 송아지 한 마리를 잡아 그 피를 고난의 제단과 백성 위에 뿌렸습니다. 그리고 백성들에게 이 피는 주 하느님께서 주시는 약속의 피라고 말했으며, 사실 이는 선택 받은 백성과 하느님과의 약속을 재확인하는 것이었습니다. 그 송아지 또한 십자가에 못박혀 돌아가심으로써 하느님과 은혜 받은 백성인 이스라엘과의 새로운 약속을 확인시킨 주 그리스도를 예시하는 것이었습니다.

이렇게 유대인의 과월절은 이스라엘 백성들이 죄사함과 노예와 죽음으로부터의 해방을 바라면서 드리는 화해의 제사이기도 하며, 또한 유대인들이 그들을 포로상태에서 구해주신 놀라우신 하느님께 감사드리기 위해 바치는 감사의 제사이기도 하는 것으로서 구세주 그리스도의 최후의 만찬을 무척이나 잘 예시해주고 있습니다.

또한 구약에 등장하는 다른 제사들, 특히 성스러운 선조들인 아브라함과 멜기세덱의 제사도 바로 위대하고 진실한 제사인 신성한 감사 성사의 예시였으며, 희생물을 제공함으로써 하느님과 화해하고자 하는 인간들의 욕구와 열망을 나타내고 있었습니다.

신성한 감사 성사의 또 하나의 상징은 "만나"였습니다. 하늘에서 내려온 이 훌륭한 양식으로 이스라엘인들은 40년이나 광야에서 살았던 것입니다. 그러나 진정한 "만나"는 "하늘에서 내려온 생명의 빵"이신 그리스도이시며 그리스도께서는 신성한 감사 성사를 통하여 양식이 되시며, 우리가 세상을 살아가는 데 필요한 힘을 우리에게 주십니다.(요한에 의한 복음 6장 49절) 만나가 없었더라면 이스라엘인들이 광야에서 그렇게 오랜 세월을 지낼 수가 없었습니다. 마찬가지로 그리스도교인들이 "생명의 빵"인 성체 성혈을 먹고 마시지 않으면 정신적으로 메마른 이 세상에서 좀 더 고상하고 영적인 생활을 누리는 것은 불가능할 것입니다.

우리를 감동시키는 신성한 감사 성사에 대한 또 하나의 예시를 이사야서에서 발견할 수 있습니다. 이는 신비의 성사의 중요성을 보여주는 계시적인 장면입니다. 환상에 쌓인 예언자 이사야는 성전 안에서 세라핌 천사 하나를 보았는데 그 천사는 제단에서 타고 있는 석탄 하나를 집어 이

사야 예언자의 입에 넣고 다음과 같이 말하였습니다 : "보아라 이제 너의 입술에 이것이 닿았으니 너의 악은 가시고 너의 죄는 사라졌다."(이사야 6장 7절) 신비로운 그 석탄이 불처럼 우리의 죄를 태워버리는 신성한 감사 성사의 상징이 아니면 그 무엇이겠습니까?

더군다나 사제는 성체 성혈을 영할 때마다 천사가 한 말들을 반복하고 있습니다.

이렇게 여러 놀라운 방법으로 지혜의 하느님께서는 당신의 아들이 우리에게 주실 훌륭한 양식에 대해 이미 수천 년 전에 예시하셨습니다. 진실로 그분의 아들은 유대인의 만나보다도 더 귀중한 양식이시며, 합당한 준비 후에 성체 성혈을 영하기 위해 다가오는 이들의 죄를 태워버리는 석탄이시며, 우리를 하느님과 하나가 되게 하는 화해와 감사의 양이신 것입니다.

4. 순교자들의 무기

기원 후 304년 2월 11일, 카르타고에서 그리스도교인 몇 사람이, 그 당시 황제 디오클리티아노스가 법으로 엄격히 금하고 있던, 예배에 참석한 "죄"를 범한 이유로 재판을 받았습니다. 유명한 이 재판의 기록에는 감동을 주는 얘기들이 적혀 있습니다. 그중에서 가장 감동적인 장면은 안티파토스 아눌리노스가 순교를 각오한 이들을 심문하는 장면입니다 :

"너희들은 그리스도교인들의 모임에 참석하였나?"

그러자 순교자들은 대답한다 :

"우리는 그리스도교인입니다!"

안티파토스는 화가 나서 그들에게 다시 묻는다 :

"너희들이 그리스도교인이냐 아니냐를 묻고 있는 것이 아니라 그리스도교인들의 모임에 참석했느냐를 묻고 있다."

이에 그리스도교인들은 여전히 용기를 잃지 않고 대답

한다 :

"우리는 그리스도교인입니다. 따라서 주님의 신비로운 성사에 참가하였습니다. 신성한 만찬을 행하지 않고는 우리는 살 수 없습니다."

작가는 이와 같은 용기백배한 대답을 기록한 다음에 다음과 같은 말을 덧붙이고 있습니다 : "감사의 모임에 참여하지 않고는 그리스도교인이 될 수 없으며, 그리스도교인이 아니고서는 이러한 모임에 참여랄 수 없건만, 마귀(역주 : 안티파토스 아눌리노스를 가리킴)는 이를 무시하려 한단 말인가?"

용감한 증거자들에 대한 이런 심화적인 얘기는 한 시대의 비밀, 즉 믿음의 순교자들과 영웅들의 꺾을 수 없는 무기가 무엇이었던가를 보여주기 때문에 대단한 중요성을 띠고 있습니다. 신성한 감사 성사가 초기 그리스도교인들의 생활의 중심이며 근본이었던 것입니다. 또한 이는 그들이 되도록 더 자주 즐기게 되기를 바랐던 신성한 양식이었습니다. 그들은 성체 성혈을 모셔야만 살 수 있었고, 성체 성혈 없이는 아무 것도 할 수 없었습니다. 신비의 성사에 대한 그들의 이러한 열망을 우리는 순교자들의 행동에서뿐만 아니라, 카타콤브의 습기 찬 벽에서도, 생명 없는 돌에게서까지 느낄 수 있습니다. 저 성스러운 지하에 있는 카타콤브에는 천상의 양식에 대한 우화적인 그림으로 가득 차 있습니다. 그곳에는 구원의 포도주를 방울방울 떨어뜨리고 있는 참 포도주 그림도 있고 "물이 많은 샘으로" 뛰어가는 목마른 사슴의 그림도 있습니다. 로마의 루키니라는 비밀 카타콤브의 아주 오래된 벽화에는 물고기와 성찬용 빵이 담긴 바구니가 그려져 있습니다. 어느 곳에나 천상의 만나에 대한 깊은 열망이 그려져 있습니다.

이그나티오스 사도적 교부는 순교를 당하러 가면서 에페소인들에게 이렇게 말했습니다 : "하느님께 드리는 감사예배에 좀 더 자주 나오시도록 노력하시기 바랍니다." 이그나티오스 성인이 성 사도들로부터 물려받은 위의 명령을 초기 그리스도교인들은 잘 지켰습니다. 목마른 수많은 그리스도교인들이 일요일뿐만 아니라 평일 날까지도 생명의 잔을 마시려는 열망을 가슴에 안고 달려갔던 것입니다. 그들은 "선한 주님이 주시는 것"을 알고 맛보기 위해 또 전능하신 분과 하나가 되기 위해 생명의 샘으로 가까이 갔습니다. 그들은 투쟁을 계속하기 위해 필요한 식량을 공급받았습니다. 카타콤브나 그리스도교 가정에서 또는 야외에서 그들이 가진 모임은 잊을 수 없는 것이었습니다. 아직 아침이 밝아오지 않은 시간이었지만 그들은 기쁨의 태양을 맛보았고 매일을 부활절처럼 보냈던 것입니다. 더욱 감동적인 순간은 성찬식이 믿음 때문에 감옥에 갇힌 그리스도교인들에게 옮겨지는 때였습니다. 그것은 그들의 마지막 만찬이었으며, 다음 날에는 마지막 힘을 다해 투쟁을 해야 할 것이었습니다. 캄캄한 감옥 속에서 증거자들이 천상의 신랑을 맞이할 때 그들의 기쁨은 무한하였으며 배가 고픈 것도 목마른 것도 문제되지 않았습니다. 곧 죽을 운명인 감옥에 갇힌 이들은 음식과 물 없이는 살 수 있었지만, 성찬식 없이는 살 수 없었습니다. 오히려 성찬식을 기다리고 있었고 이를 행할 때마다 그들의 영혼은 기쁨으로 뛰어올랐던 것입니다. 그때는 감옥이 환희의 장소로 변했습니다. 원형경기장에 표범과 사자가 달려든다 해도 이제는 두려울 것이 없었습니다. 그들의 영혼은 생명의 빵으로 인해 강해졌던 것입니다. 감옥에 갇힌 순교자들에게 귀중한 선물인 주님의 몸과 피를 운반해주던 어린 탈시지오스까지도 이방인들의 야만성 앞에서 동요되지 않았습니다. 그의 품안에 전능하신 분을 안고 있는 마당에 두려워할 것이 무엇이 있겠습니까? 신성한 감사 성사에 대한 신성한 열망이 가장 어린 탈시지오스로부터, 감옥에서 마지막 예배를 집전한 순교자 루기아노스 사제에 이르기까지 모든 교인들을 하나로 뭉치게 만들었고, 그들의 신앙심을 굳게 하였고, 그들의 열망에 불을 붙였던 것입니다. 그리하여 이그나티오스 성인도 비록 맹수에 던져질 운명이었지만 순교를 향해 가기를 주저하지 않았고, 자유나 다른 그 무엇도 바라지 않았습니다. 그리스도와 그분이 주시는 빵만을 원했습니다 : "나를 위해 돌아가신 그분을 원하노라. 그리스도의 몸을 원하노라." 이런 열망을 무기로 삼아 그는 빛나는 승리자, 그 누구도 무찌를 수 없는 신앙의 군인이 되었습니다. 카르타고의 순교자인 키프리아노스 대주교는 그의 어느 아름다운 편지에서 성찬의 빵이 순교를 각오한 이들에게 주는 이 거대한 힘에 대해 이렇게 쓰고 있습니다 : "우리가 전쟁터로 보내는 사람들을 무기도 없이 벌거벗은 채로 보낼 것이 아니라 그리스도의 몸과 피를 베일로 덮어줍시다. 또한 우리가 적으로부터 안전하게 보호해주고 싶은 사람들을 주님으로 포식시켜 무장시킵시다. 감사 성사는 바로 이와 같이 참석한 사람들을 보호하는 것을 목적으로 하여 행해지는 것입니다. 우리가 출전을 앞둔 이들에게 그리스도의 피를 주기를 거부할 때 어떻게 그들보고 그리스도의 이름을 증거하기 위해 피를 흘리라고 말할 수 있겠습니까? 또한 우리가 그들에게 교회에서 먼저 주님의 잔과 친교를 맺게 하지 않고서는 어떻게 순교의 잔을 위해 준비시킬 수 있겠습니까?"

초기 교리는 생명의 성사를 통해 용감한 군인들을 주님으로 무장시키고, 주님을 베일로 덮어주고, 주님으로 포식시켰던 것입니다. 한 시인이 말했듯이 초기 교회는 "순교를 견디는 양식"인 성체 성혈로써 신자들을 순교의 기나긴 원정을 위해 단련시켰습니다. 이렇게 신자들의 핏줄에 예수 그리스도의 피를 계속 공급했기 때문에 초기 교회는 승리를 거뒀던 것입니다.

5. 제 사

위에서 언급했듯이 성찬 예배는 제사입니다. 영원히 기억할 만한 분이신 세라핌 피파코스타스가 《성찬예배 입문서》에서 묘사했듯이 성찬 예배는 지극히 고상하고 지극히 영적이고 지극히 신성한 제사입니다. 다시 말해서 무한하신 하느님께 어울리는 유일한 제사이며 이 유일한 제사를 통해 인간은 창조주에게 그분의 마음에 드는 경배를 드릴 수 있습니다. 그런데 이 모든 것은 도대체 무엇을 의미하고, 이것들이 우리 각자에게 갖는 의미는 무엇일까요?

각 그리스도교인은 자기를 만드신 분을 경배하고, 그분의 무한한 위대함을 찬양하고, 그분의 한량없는 사랑에 감사드리고, 그분께 찬양과 감사의 제사를 드리고 싶은 필요성을 절실히 느끼고 있습니다. 또한 자신의 죄를 사함 받고, 죄의 짐에서 벗어나고, 잘못을 범함으로써 손상시킨 하느님의 정의와 화해하고 싶은 욕구를 뼈저리게 느끼고 있습니다. 동시에 인간은 하느님의 도움을 받아서 죽음을 가져오는 죄의 구렁텅이에서 벗어나고, 참된 삶과 구원의 길을 걷게 되고, 우리의 두 가지 속성, 즉 육체의 보존과 영혼의 발전이 요구하는 것들을 발견하게 되기를 마음속 깊숙이 바라고 있습니다.

 이런 욕구와 소망이 얼마나 깊게 뿌리 박혀 있는가는 인간이 신을 달래기 위해 끊임없이 수 없는 제사를 바치는 것으로부터 여실히 나타납니다. 그러나 그 어느 제사도 지극히 거룩하신 하느님께 드리기에 합당하고, 우리 인간의 무거운 죄를 없애기에 적절한 제사는 못되는 것입니다. 이교도들의 제사도 그렇고 이스라엘 백성의 제사장들이 행했던 제사도 이런 역할을 하기에는 적절하지 않습니다. "황소나 염소의 피로써는 죄를 없앨 수가 없기 때문입니다."(히브리인들에게 보낸 편지 10장 4절) 그러면 죄인인 우리 인간들은 어디서 지극히 높으신 하느님께 어울리는 가치 있는 제사를 발견할 수 있을까요? 바로 여기에 하느님의 무한한 사랑이 나타나는 것입니다. 자비가 많으신 하느님께서는 그의 표현할 수 없는 사랑으로써 우리가 절대적으로 필요로 하지만 우리 스스로는 얻을 수 없는 그것을 우리에게 주셔서, 우리가 그에게 다시 이를 바치고 그 결과로 죄사함과 구원을 받을 수 있게 하신 것입니다. 하느님은 우리에게 그의 외아들을 보내셨고, 그 외아들은 인간으로 이 세상에 오셔서, 우리를 대신하여 또 우리의 대표자로서 십자가 위에서 그 자신을 하느님께 바치셨습니다.

 골고다 위에서 행해진 그 훌륭하고 유일한 희생을 우리 정교회는 전수받아 성찬 예배 속에서 신성한 감사 성사라는 피흘림 없는 제사로써 계속하고 있습니다. 이것이 바로 헤루빔 기도에서 표현된 바와 같이 "예배의 제사"인 것입니다. 예배가 행해질 때마다 신비의 성사가 진행되는 시간에 우리가 듣는 "당신의 것으로부터 당신의 것인 이것을 당신께 드립니다."라는 그 성스러운 말들은 성찬 예배의 본질을 밝혀주는 말들입니다. 이는 사제가 하느님 아버지를 향하여 마치 이렇게 얘기하는 것과 같습니다 : 이 세상에는 당신의 위대함과 당신의 사랑과 정의에 합당한 제사는 존재하지 않나이다. 그러나 당신은 우리에게 적절한 제사를 허락하셨나이다. 당신은 위대한 당신과 꼭 같은 모습을 한 유일한 존재이시며, 유일하게 죄가 없으시며, 성스럽고 능력 있는 당신의 아들을 우리에게 보내시어, 우리 죄가 손상을 입힌 당신의 정의와 우리를 화해하도록 하셨나이다. 당신은 우리에게 그리스도를 주시었고, 그리스도는 우리를 위해 십자가에서 희생당하셨고, 그 희생의 계속으로서 우리에게 신성한 감사의 제사를 남겨주셨나이다. 당신이 우리에게 주신 이 제사를 우리는 당신에게 바치나이다.

여기에 그리스도의 무한한 사랑이 보입니다. 그리스도께서는 단 한 번 자신을 희생하신 것에 만족하지 않으시고, 계속해서 쉬지 않고 이 희생을 반복하실 것을 승낙하셨습니다. 이것은 그의 선하심과 그의 한없는 자비와 자애심을 증명하고 있습니다.

그러므로 "영광스럽고 거룩한 제단 앞에" 가까이 갈 때마다 그곳에서 우리가 오래 전에 일어난 한 역사적 사건을 단순히 기념하거나, 재현하거나, 회고하고 있는 것이 아니라는 사실을 항상 염두에 두어야 하겠습니다. 우리는 참된 희생, 문자 그대로 골고다의 희생을 실제로 재현하고 있는 것입니다. 그리고 그 희생을 피흘림 없이 반복하고 있는 것입니다. 그런 이유로 우리는 매번 다음의 거룩한 말씀을 듣는 것입니다 : "이는 나의 몸이니 …… 이는 나의 피이니……."

사도 바울로께서 강조하신 것처럼 각 성찬 예배는 예수 그리스도께서 우리를 구원하시기 위해 죽으심을 선포하는 것입니다. "여러분은 이 빵을 먹고 이 잔을 마실 때마다 주님의 죽으심을 선포하고……."(고린도인들에게 보낸 첫째 편지 11장 26절) 초기 그리스도교인들은 얼마나 이것을 믿었던지요! 매번 성찬 예배때마다 그들은 십자가의 희생을 다시 경험했습니다. 이와 반대로 오늘날의 우리는 얼마나 이것을 잊어버리고 있습니까! 성찬 예배와 신성한 감사 성사가 우리 생활과 신앙의 중심이 다시 되어야 할 것입니다. 챠또브리안은 그의 《아빠다》의 서문에서 "사회는 거룩한 제단에 기초를 둘 때만이 존재할 수 있다."라는 경구적인 표현을 쓰고 있습니다. 그러므로 피흘림 없는 예식이 거행될 때마다 우리는 최후의 만찬의 다락방으로 올라가야 할 것입니다. 이것이 우리가 노예에서 벗어나는 길이고, 은총받은 새로운 이스라엘을 되찾아 해방시키는 "새로운 과월절"인 것입니다.

6. 지금도 그때처럼

 거룩한 예물이 그리스도의 몸과 피로 변하는 시간인 성찬 예배의 가장 거룩한 순간에 집전자는 다음과 같은 구절을 얘기합니다 : "구원에 유익한 이 계명을 기억하고(즉 나를 기념하여 이것을 행하고), 그리스도께서 우리를 위하여 행하신 모든 일, 곧 십자가와 무덤과 사흘 만의 부활과 ……을 기념하여 … 당신의 것에서 당신의 것인 이것을 당신께 드립니다." 이 말들은 그 순간에 실제로 교회가 사제들을 통하여 예수 그리스도의 골고다의 희생을 반복하고 영원히 존속시키는 것을 나타냅니다. 이렇게 신앙 깊은 사제들이 희생의 제사를 드릴 때마다 그들은 하느님을 찬양하고 인간에게 유익한 훌륭한 일을 하는 것입니다. 그들은 특별히 하느님 마음에 드는 제사인 그리스도의 희생의 제사를 드림으로써 신자들에게 하느님을 경배할 수 있는 가능성을 열어주고 있습니다.

 거룩한 우리 교회의 교부들은 이러한 위대한 진리를 수

세기에 걸쳐 끊임없이 강조하고 있습니다. 초기 그리스도교시대의 순교자인 키프리아노스 성인은 이렇게 선포하고 있습니다 : "우리가 드리는 이 제사도 그리스도의 최후의 만찬의 제사처럼 구원의 제사입니다. 왜냐하면 최후의 만찬에서 그리스도께서는 자신의 몸과 피를 제공하시어 세상의 죄를 거두셨으며, 이와 마찬가지로 우리가 지금 드리는 신성한 감사의 잔에 의해서도 그리스도교 사회는 그리스도와 일치가 되기 때문입니다."

신성한 감사 성사의 열렬한 선포자인 성 요한 크리소스톰도 매 설교 때마다 이 신비의 성사를 찬양하고 있습니다 : "폭발적인 찬란한 광채 때문에 천사들도 감히 두려워서 똑바로 쳐다보지 못하는 이 몸을 우리는 양식으로 삼고 있도다."

또한 예루살렘의 대주교 키릴로스성인도 이렇게 유명한 표현을 쓰고 있습니다 : "우리들의 죄를 위해 돌아가신 그리스도를 우리는 바칩니다."

이로부터 4세기 후, 성찬 예배 해설서를 쓴 콘스탄티노플 총 대주교 예르마노스 1세는 이렇게 쓰고 있습니다 : "성 제단에서 피흘림 없는 제사를 집행하고 있는 사제 여러분들은 우리가 주 예수 그리스도의 생생한 고난을 선포하고 있다는 것을 잘 알고 계십니다." 이 말을 하고 난 조금 뒤에 다시 "주께서 인간이 되신 신비의 예식이 행해졌습니다"라고 총대주교는 덧붙이고 있습니다. 이 구절을 해석하면 신비의 성사는, 최후의 만찬이 있었던 다락방에서 일어난 모든 사건, 십자가에 못박히심과, 무덤에 묻히심과, 부활하심과 승천하심을 전부 재현하고 있다는 의미입니다.

데살로니카 출신으로 유명한 학자이며 성찬 예배의 연구자인 니콜라오스 카바실라스는 신성한 감사 성사의 빵은 모형이나 상징적인 것이나 복제품 혹은 기념품이 아니라 우리를 위해 돌아가신 주님의 지극히 거룩하신 몸이라는 것을 강조하기 위해, 신비의 성사에 대한 그의 깊은 믿음에서 우러나온 주옥같은 말을 다음과 같이 하고 있습니다 : "주님의 몸인 이 빵은 모형도 아니고 선물도 아니며, 진정한 선물을 가져온 자의 형상도 아니며, 그림에서 흔히 보는 구원의 고난을 당한 이의 글씨도 아니며 오히려 진정한 선물 그 자체입니다. 비난과 욕과 채찍질과 침뱉음과 십자가에 못박히심을 당하시고, 본디오 빌라도 시대에 모범적인 신앙심을 증명하신 주님의 거룩한 몸입니다. 포도주는 또한, 성령으로 잉태되어 동정녀 마리아에게서 태어나셨으며, 죽임을 당하시어 무덤에 묻히시고 사흘만에 부활하시어, 하늘에 오르시어 아버지의 오른편에 앉아 계신 분의 몸에서 흘러나온 피입니다."

독자 여러분, 그러므로 성스러운 신비의 예식에 참여할 때마다 우리가 얼마나 거룩한 성사에 참여하고 있는가를 잊어서는 안 되겠습니다. 거룩한 제단에는 성령이 내려오시며, 사제들과 함께 천사들이 이곳을 주관하고 있으며, 하늘과 땅의 주인이시며 우리의 구세주이신 주 그리스도께서 화해의 희생물이 되고 있다는 사실을 또한 잊어서는 안 되겠습니다. 오히려 경건한 마음으로 참가하여야 하며, 골고다와 예루살렘의 다락방으로 우리를 인도하는 이 놀라운 제사 앞에서 사랑이 불꽃처럼 우리 마음에서 피어나야 할 것입니다.

7. "그리스도 안에서"

영원한 대사제이시며 하느님과 인간 사이의 중재자이신 그리스도께서는 매 성찬 예배 때마다 자신을 희생물로 내놓으십니다. 사제는 그분의 도구일 뿐입니다. 헤루빔의 기도에서 얘기되듯이 그리스도야말로 "희생을 드리는 분이시며 또 희생을 당하시는 분"입니다. 비잔틴교회의 벽화에서 볼 수 있듯이 그분이 바로 "어제 오늘 또 영원히" 성찬 예배를 드리는 분입니다. 우리는 모든 봉헌기도를 그분에게 바치고 있으며, 성찬 예배에 있는 기도는 모두 그분에게 바쳐지며 그분의 중재를 바라고 있습니다. 모든 것이 "그리스도 안에서" 이루어집니다. 대부분 우리가 드리는 기도는 "당신의 외아들의 자비를 믿고……"로 끝이 납니다.

그러면 성찬 예배의 "그리스도 안에서"란 도대체 무엇을 의미할까요? 이것은 그리스도를 유일한 중재자로 삼아 "우리가 …… 아버지께로 가까이 나아가게 되었으며"(에페소인들에게 보낸 편지 2장 18절), "우리가 하느님의 원수였던 때에도 그 아들의 죽음으로 하느님과 화해하게 되었다면……"(로마인들에게 보낸 편지 5장 10절), "여러분이 전에는 하느님과 멀리 떨어져 있었지만 이제는 그리스도께서 피를 흘리심으로써 그리스도 예수를 말미암아 하느님과 가까워졌음 …"(에페소인들에게 보낸 편지 2장 13절)을 의미합니다.

이런 이유로 그리스도께서는 그의 진리로뿐만 아니라 우리를 위해서 십자가에 못박히신 그 자신의 몸으로 우리와 함께 영원히 계시기 위해 신성한 감사 성사를 세우셨습니다.

이것이 피흘림 없는 제사의 본질입니다. 이 제사에서 가장 중요한 것이 새로운 계약의 대사제이시며, 우리를 형제처럼 생각하시어 아버지 앞으로 인도해 가시는, 인간이 되신 말씀이신 주 그리스도이신 것입니다. 성찬 예배는 인간이 그리스도 안에서 하느님과 하나가 되는 것입니다. 예배가 계속되는 동안 내내 우리는 이 깊은 의미를 접하게 됩니다. 이런 전제로 성찬 예배는 시작되며, 이것을 목적으로 성찬 예배는 있는 것입니다.

그러므로 우리 모두 "자비롭고 진실한 대사제"이신(히브리인들에게 보낸 편지 2장 17절) 그분에게 "마음 놓고" 가까이 갑시다. "그러므로 형제 여러분, 예수께서 피를 흘리심으로써 우리는 마음 놓고 지성소에 들어가게 되었습니다. "…… 확고한 믿음과 진실한 마음가짐으로 하느님께로 가까이 나아갑시다."(히브리인들에게 보낸 편지 10장 19-22절) 하느님의 성령을 받은 사도 바울로께서는 "우리의 사제는 연약한 우리의 사정을 몰라주시는 분이 아니라……"(히브리인들에게 보낸 편지 4장 15절)라고 강조하십니다. 자, 우리 모두가 신비의 성사를 통해 기도와 감사만을 바칠 것이 아니라 우리의 온 생각과 의지와 마음과 우리 존재 전부를 그분에게 맡깁시다.

8. 생명의 빵

우리 주 예수 그리스도께서는 이 땅에 계실 때 신성한 감사 성사에 대해 수 없이 반복해서 말씀하셨습니다. 최후의 만찬을 드시며 신비의 성사를 가르치시던 저녁보다 훨씬 이전부터 그리스도께서는 이미 기적과 비유로 이를 암시하셨습니다. 처음에는 두 개의 특이한 비유로 앞으로 그가 주실 신비로운 이 음식에 대해 세상 사람들이 깨달을 수 있도록 준비시켰습니다. 이것이 바로 하늘나라의 왕께서 사람들을 초청하여 불멸의 음식을 주신다는 것을 보여주는 큰 잔치의 비유와 포도나무의 비유입니다.

그러나 특히 큰 의미가 있는 가르침은 빵이 수없이 불어나는 기적이 일어난 다음 날에 구세주께서 말씀하신, 요한 복음서 6장에 기록된 가르침입니다. 그 때 상황을 보면 유다인들이 그리스도에게 이런 질문을 합니다.

"무슨 기적을 보여 우리로 하여금 믿게 하시겠습니까? 선생님은 무슨 일을 하시렵니까? '그는 하늘에서 빵을 내려다가 그들을 먹이셨다' 는 성경 말씀대로 우리 조상들은 광야에서 만나를 먹었습니다."

이 질문에 대답하시면서 주님은 위대한 진리를 밝히실 기회를 얻었습니다.

"정말 잘 들어 두어라. 하늘에서 빵을 내려다가 너희를 먹인 사람은 모세가 아니다. 하늘에서 너희에게 진정한 빵을 내려주시는 분은 내 아버지시다. 하느님께서 주시는 빵은 하늘에서 내려오는 것이며 세상에 생명을 준다."

하늘에서 내려오는 빵에 대한 얘기를 오해한 유다인들은 다시 이렇게 말했다.

"선생님, 그 빵을 항상 저희에게 주십시오."

그 때에 그리스도께서는 저 계시적인 말씀들을 하셨습니다.

"내가 바로 생명의 빵이다. 나에게 오는 사람은 결코 배고프지도 않고 나를 믿는 사람은 결코 목마르지 않을 것이다."

주님께서는 자신의 하느님으로서의 임무에 관해 말씀하시고 나서 계속해서 다음과 같은 의미심장한 결론을 맺으셨습니다.

"나는 생명의 빵이다. 너희의 조상들은 광야에서 만나

를 먹고도 다 죽었지만 하늘에서 내려온 빵을 먹는 사람은 죽지 않는다. 나는 하늘에서 내려온 살아있는 빵이다. 이 빵을 먹는 사람은 누구든지 영원히 살 것이다. 내가 줄 빵은 곧 나의 살이다. 세상은 그것으로 생명을 얻게 될 것이다."

이 말씀에 유다인들은 그들 사이에 의견이 엇갈리기 시작했고 이렇게 얘기했습니다.

"이 사람이 어떻게 자기 살을 우리에게 먹으라고 내어 줄 수 있단 말인가?"

그들의 이 마지막 질문은 그리스도에게 더욱 중요한 진리를 밝힐 기회를 주었습니다.

"정말 잘 들어두어라. 만일 너희가 사람의 아들의 살과 피를 먹고 마시지 않으면 너희 안에 생명을 간직하지 못할 것이다. 그러나 내 살을 먹고 내 피를 마시는 사람은 영원한 생명을 누릴 것이며 내가 마지막 날에 그를 살릴 것이다. 내 살은 참된 양식이며 내 피는 참된 음료이기 때문이다. 내 살을 먹고 내 피를 마시는 사람은 내 안에서 살고 나도 그 안에서 산다."

예수 그리스도께서는 잊을 수 없는 그 날에 이와 같이 중요한 말씀을 하셨습니다. 그리고 이런 방법으로써 신비의 성사와 관계되는 모든 의문점들과 이해 안 되는 점들을 해결하셨습니다. 그 후로는 진정한 그리스도교인이라면 누구나, 위의 말씀과 최후의 만찬에서 하신 말씀을 연결해서 연구해보고 나서는, 성찬예배를 통해 우리에게 제공되는 그리스도의 몸과 피는 진정한 음식과 음료라는 것을 굳게 믿게 되는 것입니다. 또한 성찬식은 인간이 되신 하느님이신 우리의 구세주와 우리를 결합시켜 주고 한편으로는 우리에게 영원한 생명을 주는 것입니다. 그러므로 이 하늘나라의 만찬에 참여하는 이는 복 있는 자입니다. 우리 인간을 괴롭히는 영혼의 굶주림과 목마름이 사라지게 되고 우리는 하늘나라의 시민이 되고, 육체적으로 순간적인 삶이 아니라 진정한 하늘나라의 삶을 갖게 되는 것입니다. 사람들은 헛되이 다른 수단과 방법으로 그들의 영혼을 채우려고 노력합니다. 그러나 믿음과 사랑으로 다가와서 생명의 잔을 마시기 전까지는 그들의 갈망은 만족되지 않은 채 영원히 남아있을 것입니다.

9. 진정한 양식

그러면 정규적으로 교회에 가서 성사가 진행되는 것을 주의 깊게 좇아가는 것으로 모든 것이 충분할까요? 또는 그 이상의 무엇이 필요할까요? 성찬예배는 하나의 훌륭한 교훈도 아니고, 아름다운 성가도 아니며, 단순히 좇아가서 보는 신성한 연극도 아닙니다. 성찬 예배는 참석해서 우리 모두가 참가자가 되어 달라고 초청을 받은 만찬입니다. 우리 교인들이 우리의 영혼을 구하기 위해 희생당한 분의 몸과 피를 받아먹는 것을 목적으로 삼고 있기 때문에 성찬예배는 성체 성혈 성사라고도 불립니다. 다시 말해서 성찬예배는 하느님과 친교를 맺는 예식이며, 위대한 희생의 만찬에 참여하는 것입니다. 만약 우리 각자가 이 희생에 직접 참가하지 않는다면 희생이 무슨 이득을 우리에게 주겠습니까? 앞에서 보았듯이, 주님은 자신의 살이 "참된 양식이다"라고 분명히 말씀하셨으며(요한에 의한 복음서 6장 53절), 자신이 "생명의 빵"이심을 강조하셨습니다. 또한 주님의 "살을 먹는 자"는 참된 생명을 얻을 것이라고 반복해서 말씀하셨습니다. 그런데도 우리는 이 중요하고 또 중요한 진리를 왜 그렇게 자주 잊어버릴까요? 그리스도의 성 사도 바울로께서도 이 점을 강조하고 있습니다. 주님께서 제자들에게 가르치신 말씀인 "받아 먹어라. 이는 내 몸이니……"(고린도인들에게 보낸 첫째 편지 11장 24절)를 사도 바울로께서는 그리스도교인들에게 상기시키고 있습니다.

성 사도들의 제자들이며 그들의 계승자인 소위 성 교부들도 그리스도교인들에게 "성체 성혈 성사는 진정한 양식이다"라고 가르쳤습니다. 이리하여 안티오키아의 대주교 이그나티오스 성인은 순교를 앞두고 이즈미르 지방의 그리스도교인들에게 이렇게 쓰고 있습니다 : 여러분들은 하느님의 은총 안에서 한 믿음으로 모두 모여 "우리를 죽지 않게 하고 영원히 그리스도 안에서 살게 하는 불멸의 양식인 성체 성혈을 영하십시오."

이그나티오스 성인은 또한 마그네시아의 그리스도교인들에게는 이렇게 말하였습니다 : 성체 성혈 성사는 "우리를 영원히 살게 하시는 예수 그리스도와 육체적으로 영적으로 결합하는" 것입니다. 《사도들의 가르침》이라는 아주 오래된 서적에는 성체 성혈 성사가 그리스도교인들의 양식이라는 초기 그리스도교인들의 굳건한 믿음을 증명하는 다음과 같은 기도문이 있습니다 : "당신께서는 당신의 아들을 통해 우리에게 영적인 양식과 음료수와 영원한 생명을 주셨나이다."(사도들의 가르침 제1장) 철학자이며 순교자인 뛰어난 변증자 성 유스티노스도 이와 똑같은 진리를 선언하였습니다. 그는 이교도인들에게 향한 변론에서 그리스도의 몸과 피는 진정한 양식이라고 강조했습니다. 그는 또한 말하기를 우리는 이 양식을 평범한 빵이나 포도주로 생각하는 것이 아니라, 우리의 구세주 예수 그리스도께서 우리를 구원하시기 위해 살과 피를 가진 인간으로 되셨으며, 이와 마찬가지로 감사의 기도의 말씀을 통해 변화하여 우리의 몸과 피를 살찌게 하는 양식이 바로 인간이 되신 예수 그리스도의 몸과 피임을 믿는다고 하였습니다.

또 3세기 교회 저작자의 한 사람인 클리멘다 알렉산드레아를 보기로 합시다. 《누가 구원받은 부자인가?》라는 책에서 그는 주님을 등장시켜 사람들에게 이렇게 얘기하게 합니다 : "나는 너희에게 양식을 주는 자니라. 내 자신을 빵으로 주노니 이것을 먹는 자는 다시는 죽음을 경험하지 않을 것이며, 또한 날마다 나는 너희에게 불멸의 포도주를 주노라." 그리스도의 몸과 피가 인간에게 절대 필요한 양식이라는 이 확신이 그리스도교 역사상 모든 사람들에게 큰 영감을 불어 넣어주었고, 이 확신이 모든 나라와 모든 시대의 성인들을 강하게 했습니다. 성체 성혈 성사는 언제나 투쟁에 나선 교회의 영원하고 유일한 약이며 무기였고, 그 교회를 받쳐주는 기둥이었습니다. 이런 이유로 우리가 이 양식을 받을 때에 한 근대 성인의 말을 반복하며 받는 것입니다 : "나는 내가 끊임없이 공기를 마시고 있다는 사실을 확실히 믿고 있는 것처럼 지금 내가 공기와 함께 나의 숨이며 생명이며 기쁨이며 구원인 주 예수 그리스도를 받아들이고 있는 것을 믿습니다. 주님은 내 생애의 매순간에 공기보다 더 필요한 존재이시며, 그 어떤 말씀보다도 귀중한 말씀이십니다. 주님은 나의 생각이시며, 그 어떤 다른 향기로운 물질적인 것보다 더 향기로운 음식과 음료이십니다. 주님은 그 어떤 물질적인 단 것보다도 더 단 맛이시며, 나의 아버지요 어머니십니다. 결코 움직이지 않는 나의 안전한 땅이시며 피난처이십니다."

그러므로 성체 성혈 성사는 우리의 영혼에 우리가 매일 먹는 빵보다도 더 참된 양식이라는 것을 잊지 맙시다. 주님이야 말로 일용할 양식이며 말할 수 없이 달고 영양가 높은 생명의 양식인 것입니다.

10. "기념하여"

　14세기에 《성찬 예배에 대한 해설》이라는 책을 쓴 불타는 마음의 소유자 성 니콜라오스 카바실라스가 감사의 제사를 어떻게 보고 있는지 알아보기로 합시다. 성찬 예배는 우리를 구원하신 분의 생활과 죽음을 믿음 깊은 마음으로 기념하고 성스러운 마음으로 재현하는 것이라고 카바실라스는 말합니다. 그러면 이 성찬 예배는 어떤 목적으로 이루어지는 것일까요? 카바실라스는 말합니다. "부유하신 분께서 가난해지신 것을, 전지전능하신 분께서 이 땅에 오신 것을, 축복받으신 분께서 박해받으신 것을, 고난 받을 필요가 없으신 분께서 고난 받으신 것을, 주께서 얼마나 미움을 당하시고도 우리를 얼마나 사랑하셨나 하는 것을, 주께서 얼마나 큰 고난을 당하시고도 얼마나 큰 사랑으로 우리 앞에 이 식탁을 마련하셨는지를 머리로만 생각할 것이 아니라 두 눈으로 보기 위해서 성찬 예배가 행해지는 것이다." 이렇게 우리를 구하신 것을 찬양하고 무한한 자비심을 베푸신 것에 대해 감사드리며, 우리를 불쌍히 여기시어 구원하신 그분께 경배를 드리는 것입니다. 또한 그분께 우리의 영혼과 생명을 맡기고, 우리 마음을 그분의 사랑의 불길로 채우는 것입니다. 이렇게 한 다음에 우리는 불꽃같은 신비의 성사로 안심하고 다가가는 것입니다. 그러나 이에 대해 이론적으로 안다고 충분한 것이 아닙니다. 만약 우리가 신비의 성사에 합당한 영혼을 갖는 데 관심이 있다면, 다른 생각을 모두 머리에서 쫓아버리고, 신비의 성사만 바라보고 마음의 눈을 그 곳에만 고정시켜야 할 것입니다.

데살로니카 출신 작가 카바실라스에 의하면, 이것이 바로 그리스도를 중심으로 한 성찬 예배의 목적인 것입니다. 그러나 주님께서는 이런 목적 외에도 우리가 그의 희생을 잊지 않고 은혜를 모르는 자들이 되지 않기를 원하셨습니다. 은혜를 받은 사람들이 자기에게 은혜를 베풀어준 사람과 그의 업적을 기억해준다는 것은 은혜를 베푼 자에게는 일종의 보상입니다. 그래서 사람들은 은혜를 베푼 이들을 기념하는 의미로 무덤과 조각상과 기념비를 세우고, 축제를 벌이고, 운동 경기를 개최하는 것입니다. 이런 것들의 목적은 오직 하나, 선량하고 용감했던 사람들이 깊숙한 망

각의 구렁텅이로 빠지지 않게 하기 위한 것입니다. 구세주께서도 바로 이와 같은 것을 우리가 해줄 것을 부탁하셨습니다. 그분은 "다른 이들은 망각을 물리치기 위해 다른 약을 찾으나 너희들은 내가 행했던 것을 행함으로써 나와 나의 십자가의 희생을 기억하라"고 말씀하셨습니다. 사람들이 기념비를 세우고 그 위에 자기들을 구해준 용감한 이들의 승리와 영웅적인 행동을 적고 있듯이 우리 그리스도교인들은 이 고귀한 예물 위에 악을 물리치고 승리를 가져온 주님의 죽음을 새깁니다. 그들은 은혜를 베푼 이들의 모습을 본뜬 조각만을 소유하고 있지만 우리 그리스도교인들은 감사 예배를 통해서 승리자이신 주님 자신과 주님의 몸 그 자체를 소유하게 되는 것입니다. 옛날 사람들은 이런 기념 예식을 양과 염소를 가지고 행했지만, 이제는 주님께서 주님 자신의 몸을 가지고 행하라고 지시하셨습니다.

 이렇게 신성한 감사 성사는 기념과 감사의 예식인 것입니다 그러나 또한 간청의 예식이기도 합니다. 이 마지막 의미, 즉 간청의 예식에 대해서는 카라실라스의 말을 들어보기로 합시다 : 신성한 감사 성사를 행하는 것은 우리가 하느님과 대화를 나누는 것이며, 그 때에 우리는 하느님께서 우리에게 베푸신 몇 가지 선물들을 하나하나 기억하는 것에 그치지 않고, 우리가 누리고 있고 또 앞으로 누리게 될 하느님의 모든 좋은 것을 기억해내는 것입니다. 그러기에 이것을 당연히 감사 성사라고 이름 붙여야 하는 것입니다. 감사 성사라고 이름 붙이는 것은 우리가 하느님께 달라고 부탁드리는 것들 때문이 아니라 하느님께서 풍부한 선하심으로 우리에게 주신 것을 감사드리기 때문입니다. 이렇게 말하는 이유는 감사 성사에서 우리가 하느님에게 간청을 하며 동시에 감사를 드리기 때문입니다. 그러나 이 둘 사이에는 약간의 차이가 있습니다. 모든 좋은 것은 다 하느님 것이기 때문에 우리는 하느님께 감사드립니다. 따라서 감사는 하느님이 원인이지만 간청은 우리의 게으름 때문에 필요해서 드리는 것이므로 우리 자신의 약함의 결과입니다.

뿐만 아니라 감사는 좀 더 많은 것을 포함하지만 간청은 좀 더 적은 것들에 한정됩니다. 감사는 일반적인 모든 것을 언급하지만 간청은 몇 가지에 제한됩니다. 따라서 우리는 우리가 행하는 예식에 가장 좋고 가장 넓은 의미를 가진 감사 성사라는 명칭을 붙이는 것이 타당할 것이며 이렇게 이름을 붙인 이유로 우리 인간 또한 지각없는 짐승의 요소를 많이 갖고 있음에도 불구하고, 논리적인 존재라고 불리게 됩니다. 더군다나 이 성사의 모범을 처음 보이신 분이신 우리 주님께서도 하느님에 대한 간청이 아니라 감사로 이를 행하셨고 우리에게 전수시키셨던 것입니다. 우리 정교회는 이것을 조금의 변화도 없이 그대로 받아들였고 그 후로는 이 성사를 감사의 성사라고 부른다고 카바실라스는 끝을 맺고 있습니다.

그러면 우리는 어떻게 우리에게 큰 은혜를 베푸신 그분께 감사를 드릴 수 있을까요? 그분의 크나큰 은덕에 합당한 감사를 드릴 방법을 찾아낼 능력이 우리에겐 없습니다. 다만 신성한 감사 성사를 통하여 그분 마음에 드는 진정한 감사를 그분에게 드릴 수 있는 것입니다.

11. 성체 성혈의 특성들

 피흘림 없는 제사의 깊은 의미를 좀 더 잘 알기 위해서는 그 제사가 갖는 네 가지 기본 특성을 연구해야 합니다. 우리 교회가 하나이고 거룩하고 공번되고 사도로부터 이어오듯이, 성찬 예배의 제사도 또한 하나이고 거룩하고 공번되고 사도로부터 이어옵니다.

 하나인 성찬예배식 : 크리소스톰과 바실리오스와 야고보의 성찬 예배에서는 몇 가지 서로 다른 점들이 있기는 하지만 그 기본 요지는 하나입니다. 각 예배의 기본과 중심은 신성한 감사 성사를 행하는 데 있으며, 신자들이 성체 성혈을 모심으로써 끝이 납니다. 그 외에도 매일 진행되는 다른 예식들과 (아침 기도식, 저녁 기도식, 석후 기도식) 그 외의 다른 성사들이 태양 주위를 위성이 돌고 있듯이 성찬 예배 주위를 돌고 있습니다. 세월이 흘러 약간의 변화를 거쳤지만 성찬 예배는 본질적으로 하나인 채 남아 있습니다. 시베리아에서부터 오스트레일리아에 이르기까지 정교회가 살

아있는 나라에서는 어디나 성찬 예배가 똑같은 내용으로 행해집니다. 예배에 있어서 이렇게 놀랍도록 일치를 하고 있다는 사실은 혼란에 빠지는 개신교들의 예배와 비교해서 정교회의 성찬 예배가 위대함을 보여줍니다.

희생으로 바쳐지는 그리스도께서는 한 분이시고 또 바로 그 자신이심으로 성찬 예배는 하나입니다. 도시테오스 총대주교는 그의 《정교회 신조》에서 이렇게 말합니다 : "수많은 예배가 전 세계에서 같은 시간인 바로 이 시간에 행해지고 있음을 믿으며, 그리스도가 여러 명이 되거나 그리스도의 몸이 여러 개 되는 것이 아니라 그리스도 한 분, 바로 그분만이 진정으로 정말로 참석하고 계시며, 세계 곳곳에 있는 모든 교회의 그리스도의 몸과 피는 하나인 것을 믿습니다."

거룩한 제사 : 성찬 예배의 중심은 주님이시며, 주님 자신이 귀한 예물을 바치시는 분이시고, 또 받으시는 분이기 때문에 성찬 예배의 제사는 거룩합니다. 또한 거룩한 우리 교회의 살아있는 표현이며 이에 참석하는 신자는 누구나 축성받기 때문에 성찬 예배는 거룩합니다. 세속적이고 불경하고 더러운 것은 그 어떤 것도 성찬 예배에 들어오는 것이 허락되지 않습니다. 이에 사용되는 제물과 제의와 성상

은 거룩하고 성찬 예배에만 전용되고 있습니다. 이 모든 것이 만인의 왕이신 그리스도께 속합니다. 성찬 예배가 시작해서 끝날 때까지 거룩한 분위기가 지배합니다. "거룩한 이 몸과 피는 거룩한 이들에게 합당하나이다"라는 구절은 신성한 신비의 예식이 장엄하게 끝나가는 것을 나타냅니다.

공번된 제사 : 성찬 예배는 모든 사람이 드리는 모든 사람을 위한 공동의 봉헌입니다. 성 대 바실리오스의 봉헌 기도에 아주 적절하게 표현되었듯이 성찬 예배는 "온 세상을 위해, 지구 한 쪽 끝에서 다른 쪽 끝까지 있는 거룩하고 공번되고 사도로부터 이어오는 교회를 위하여" 바쳐집니다. 또한 성찬 예배는 "항상(시간적), 모든 것(하느님의 모든 좋은 것)을 위해" 바쳐집니다. 또 하나 중요한 것은 성찬 예배는 각 나라말로 번역되어 행해진다는 점입니다. 한국말뿐만 아니라 러시아 말, 아랍 말 등등으로 예배가 행해지고 있으며 이런 입장에서 보아도 우리 교회의 성찬 예배는 본질적으로 공번된 것입니다.

이 공번성의 의미를 좀 더 깊이 살펴보면 성찬 예배는 온 세상을 위해서 그리고 각 인간의 욕구를 충족시켜 주기 위해서 구세주이신 그리스도께서 자신을 봉헌하시는 것임을 우리는 발견하게 됩니다. 그 봉헌을 통해 그리스도께서는 우리의 좁디좁은 생각을 세계적인 차원으로 넓혀주십니다. 이를 통해서 그리스도께서는 온 인류를 - 인간의 사고력, 마음, 의지를 - 살찌게 하시고 높여주시며, 우리의 깊숙한 욕망을 모두 만족시켜 주십니다. 성찬 예배가 공번된 마지막 이유는 성찬 예배가 과거와 미래를 놀라울 정도로 하나로 일치시키고 있기 때문입니다. 이 마지막 이유는 성찬 예배의 제사가 또한 사도로부터 이어오는 것이라는 사실과 연결됩니다.

사도로부터 이어오는 제사 : 교회는 사도로부터 이어오는 특성을 성찬 예배에 부여하고 있습니다. 이 특성에 따르면 성찬 예배는 아주 오래된 전통에 뿌리박고 있으면서도 동시에 여전히 생명력을 갖고 있습니다. 물론 약간의 변화는 있었습니다만, 그 변화는 어디까지나 살아있는 기관에 흔히 일어나는 아주 정상적인 방법과 동일한 속성을 유지하는 범위 내에서 일어나는 변화였던 것입니다. 본질은 여전히 같으며, 이의 창시자였던 분의 원래 생각과 근본취지가 여전히 남아 있습니다. 그리스도와 사도들께서 세우셨던 것들 중에서 본질적인 것은 어느 하나도 사라지지 않았습니다. 세월이 흘러감에 따라 기도문 등이 원본에 첨부되긴 했지만 원본의 구조를 변화시키지 않았습니다.

세월에 의해 첨가된 내용들이 애초의 보물구조를 변화시키기는커녕 오히려 풍부하게 만들었습니다. 성찬 예배의 본질은 똑같은 채 남아 있습니다. 세부사항만 조금 바뀌었으며 본질은 한 번도 끊이지 않은 채 지금까지 계속 내려오는 것입니다. 언제나 사도로부터 이어오는 전통이 굳건히 고수되고 있습니다. 이에 반해 다른 종파들은 초기 그리스도교의 전통으로부터 점점 멀어지고 있습니다. 그들은 교리를 바꿀 때마다 예배 형식을 바꾸고 있습니다. 이렇게 하여 개신교들은 빵과 포도주가 그리스도의 몸과 피로 변하는 것을 믿지 않으며, 가톨릭 교인들은 신성한 감사 성사 때에 효소가 들어가지 않은 빵을 사용하고 성혈을 모시지 않고 성체만 모시는 것입니다. 그러나 정교인들은 초기 그리스도교의 교리와 초기 교회의 전통을 지키고 있을 뿐만 아니라 사도들의 시대로부터 지금까지 계속 성찬 예배를 지켜오고 있는 것입니다.

우리를 새롭게 하는 생명의 근원인 성찬 예배는, 그 속에 성령이 살고 있고 항상 활기차고 새로워지는 교회의 자기표현인 한 결코 낡아지지 않습니다. 바로 성찬 예배가 무한하신 하느님을 진실하고 영적으로 경배하는 법을 각 시대마다 교회에게 가르칩니다.

제2장

우리는 어떤 준비를 해야 하나?

1. 정결한 몸

성체 성혈 성사는 어떤 목적을 위해 행해질까요? 용어 그 자체에서 알 수 있듯이 성체 성혈 성사의 목적은 우리의 구세주이신 그리스도의 몸과 피를 우리가 먹고 마시는 것입니다. 그러나 연약하고 죄 많은 우리 인간들이 어떤 방법으로 신비로운 이 만찬에 접근해가야 하며 어떤 준비가 필요할까 하는 의문이 우리 마음에는 생겨납니다. 성찬 예배와 교회의 교부들은 우리가 어떻게 정신적으로 준비해야 하는가에 대해 훌륭한 기도문으로 우리를 가르치고 있습니다. 성찬 예배에서 우리가 듣는 "온 마음을 다하여", "두려워하는 마음과 사랑으로", "깨끗한 양심으로", "떳떳하고 단죄받음 없이" 하느님에게 다가가야 한다는 구절들이 바로 우리가 어떻게 정신적으로 준비해야 하는가를 보여주는 구절들입니다. 이 말씀들이 얼마나 중요한 의미를 갖는지는 누구나 잘 알 수 있을 것입니다. 정결한 몸과 고귀한 피를 받아들이는 우리의 마음은 진정 얼마나 깨끗해야 하는지요! 반드시 회개와 고백성사를 통해 우리는 마음을 정결하게 해야 하며 용서받았다는 축원을 듣는 데 그쳐서는 안 될 것입니다. 신부님 앞에서 마음에서 우러나는 회개를 하고 자신의 잘못을 솔직하게 고백하지 않으면 용서받았다는 축원은 아무런 의미가 없는 것입니다.

그러므로 우리는 진정으로 회개하고, 잘못을 고치겠다는 굳센 결심을 하고, 옛 생활을 버리고, 영혼을 새로운 옷으로 단장한 채 하느님께 다가가야 할 것입니다. 이것을 가르치기 위해 헤루빔 성가를 부르는 동안 사제는 다음과 같은 기도문을 읽습니다 : "영광의 왕이시여, 육체적인 욕망과 쾌락에 얽매인 자는 모든 이의 왕이신 당신께 가까이 나아가거나 예배를 드리기에 합당하지 못하나이다." 그러므로 우리 모두 "온갖 근심 걱정"을 버리고, 천사들과 함께 그들처럼 깨끗한 마음으로 경건하고 회개하는 가운데 가까이 다가가서 하늘나라의 왕이신 그분을 우리 안에 모셔옵시다. 《성찬 예배서》라는 불후의 명작을 남긴 성 요한 크리소스톰의 말을 들어보는 것이 좋을 것 같습니다 : "우리가 더러운 손으로 임금님의 옷자락을 만지기도 꺼려하거늘 어찌 함부로 합당한 준비 없이 흠 없고 깨끗한 그리스도의 몸을 모실 수 있겠습니까? 그리스도께서는 우리를 하느님의 속성과 연결시켜 주시고 그분의 은혜로 우리가 존재하고 살고 있으며, 그분에 의해 죽음의 문이 무너지고 천국의 문이 열렸습니다. 그러니 뻔뻔스러움으로 인해 우리 자신을 파멸로 이끌어가지 말고 두려움과 정결한 마음으로 주님의 몸에 다가갑시다. 주님의 몸을 눈앞에 보게 되면 이렇게 자기 자신에게 말하십시오 : 나는 이 몸으로 인해 더 이상 흙도 아니고 재도 아니고 죄인도 아니며 오히려 자유로운 몸이다. 이 몸 덕분에 나는 하늘나라와 하늘나라의 재물과, 영원한 생명과, 천사들의 나라를 맛보게 되며, 세상을 살아나가는 데 그리스도와 동행하게 되기를 바란다.

이 주님의 몸이 못에 박히고 채찍질을 당할 때 죽음도 이를 지탱하지 못했고, 이 몸이 십자가에 못박혔을 때에는 태양도 빛을 거두었다. 이 몸을 위해 그때에 성전 휘장은 찢어지고 땅이 흔들리며 바위가 갈라졌다. 이 몸이 바로 온 세상을 위해 구원의 피와 샘물을 뿜어내는 창에 찔린 피에 젖은 몸이다. 그의 권능에 대해 좀 더 알고 싶은가? 그러면 주님이 입고 계셨던 옷의 한 귀퉁이를 만짐으로 해서 병이 낫는 혈루병에 걸린 여인에게 물어보렴. 주님이 걸어 다니셨던 갈릴리 호수에게 물어보렴. 마귀에게는 어떻게 해서 치료되지 않는 상처를 갖게 되었으며, 어째서 이제는 더 이상 힘이 없으며, 누구에게 참패를 당했으며 왜 도망다니느냐고 물어보렴. 십자가에 못박히신 그분의 몸 때문이라고 마귀는 대답할거야. 그 몸 때문에 마귀의 몸뚱이는 가루가 되고, 그의 머리는 부서지고, 그의 힘과 권력은 조롱거리가 되고 말았지. 이번엔 죽음에게 어떻게 해서 그의 몸뚱이는 쓸모가 없게 되고, 그의 권력은 사라지고, 그의 신경은 짤리게 되었고, 예전에는 사람들의 두려운 존재였는데, 이제는 어린애들에게까지도 놀림거리가 되었는지 물어보렴. 그러면 죽음은 이 모든 것이 바로 이 주님의 몸 때문이라고 말할 거야. ……"

이와 같은 훌륭한 말을 한 후에 하느님의 사람 크리소스톰 교부는 또 이렇게 덧붙이고 있습니다 : "주님의 몸에 함부로 가까이 가는 것이 위험한 일이라면, 최후의 만찬에 참석하지 않는 것은 아예 굶어 죽는 것입니다. 왜냐하면 주님의 식탁은 우리 영혼의 자양분이며, 사고력을 강하게 해주며, 기쁨의 근원이며, 희망이며, 구원이요, 빛이요, 생명이기 때문입니다. 주님의 희생을 식량으로 삼아 우리는 다른 생활을 향해 출발할 수 있으며, 기쁜 마음으로 금으로 된 온갖 무기로 둘러싸인 천국의 문으로 들어갈 수 있을 것입니다. 그러나 미래의 일에 대해 얘기할 필요도 없을 것 같습니다. 성체 성혈 성사는 바로 우리가 살고 있는 이 세상을 천국으로 변화시키니까요. 천국의 문, 아니 천국 중의 천국의 문을 열고 잘 보십시오. 그러면 제가 여러분께 말한 그것들을 눈으로 직접 보실 것입니다. 천국에서도 가장 귀중한 바로 그것을 저는 여러분께 이 세상에서도 보여드릴 수 있습니다. 왕궁이 있으면 그 왕궁에서 가장 귀중한 것은 벽이나 금으로 장식된 천장이 아니라 옥좌에 앉아계시는 임금님의 몸입니다. 이와 마찬가지로 하늘나라에서 가장 귀중한 것은 하늘나라 임금님의 몸인 것입니다. 그러나 여러분은 하늘나라 임금님의 몸을 지상에서도 보실 수 있습니다. 저는 여러분께 천사나 천사장이나 하늘나라를 보여드리는 것이 아니라 이 모든 것의 주인이신 바로 그분 자신을 보여드리고자 합니다. 이제 여러분들은 그 무엇보다 귀중한 그것을 이 세상에서도 볼 수 있다는 것을 아셨을 것입니다. 여러분들은 단지 보는 데 그치지 않고 만지기까지 합니다. 만지기만 하는 것이 아니라 그것을 먹고 또 집으로 싸가지고 가기도 합니다. 그러니 여러분의 영혼을 깨끗이 하고 이 신비로운 성사를 받아들일 마음의 준비를 하십시오."

이렇게 전율을 불러일으키는 묘사력을 사용해서 불멸의 설교자 크리소스톰은 두려운 성사에 참가할 수 있도록 우리를 준비시키고 있습니다. 우리가 차갑게 머릿속으로만 준비하는 것으로는 충분치 않습니다. 우리의 온 마음이 성스러운 감정과 신성한 욕망으로 불타올라서 "하느님에 대한 경건한 마음과 믿음과 사랑으로써" 거룩하고 가장 거룩한 그것에 가까이 가야 할 것입니다. 노아가 100년이나 걸려 자기 가족과 동물들을 넣을 방주를 지었다면 하물며 우리는 만물의 창조주이신 흠 없는 그분을 맞이하기 위해 얼마나 오랫동안 우리 영혼의 방주를 준비해야 하겠습니까? 하느님의 명령을 받은 모세가 계약이 새겨진 석판과 만나를 담은 항아리를 넣을 궤를 만드는 데 그렇게도 세심한 주의를 기울였다면, 율법을 만드시고 양식을 주시는 그분을 맞이해야 하는 우리, 또 진정한 만나를 받을 우리는 그 얼마나 주의를 해야 할까요? 현명한 솔로몬이 그 유명한 성전을 짓는 데 7년이나 걸렸다면, 우리는 "살아계신 하느님의 성전"이 될 우리의 영혼을 그 얼마나 단장해야 할까요? 평범한 친구가 집에 와도 가장 좋은 자리를 내놓는 법인데 하늘나라의, 그것도 우리의 유일한 친구이신 그리스도를 맞이하기 위해서 우리는 그 얼마나 준비를 해야 할까요?

    이렇게 열정적인 기도와 면밀한 연구를 거치고, 경건한 마음으로 하느님과 사람들에게 용서를 구한 다음, 몸과 영혼이 깨끗해진 상태에서 정결한 주님의 몸과 피에 가까이 다가가야 할 것입니다.

2. "경건한 마음과 믿음으로"

임금님이 백성 중의 한 사람을 식사에 초대하면 그 초대받은 사람은 그 얼마나 황공한 마음으로 이 초대의 영광을 받아들이고 또 그 얼마나 조심스러운 마음으로 그곳에 가겠습니까? 성찬 예배에서 모든 왕 중의 왕이신 하느님 그 자신께서 우리를 그의 신비로운 식탁으로 초대하시고, 그 자신의 사랑하는 아들을 음식으로 우리에게 대접하십니다. 이때 케루빔과 세라핌은 너무 두려워서 날개로 얼굴을 가리는 것입니다. 우리는 피흘림 없는 제사에 가까이 갈 때마다 과연 이 사실을 생각하고 있습니까? 성 요한 크리소스톰은 바로 이렇게 우리에게 질문을 던지고 있습니다.

다시 말해서 성체 성혈을 모시려고 할 때마다 우리는 "성인들이 자리를 빛내고 있는" 주님의 성스러운 연회장에 가는 것입니다. 우리 영혼의 옷은 깨끗한지, 회개와 고백성사를 통해 더러움을 다 씻어냈는지, 아니면 준비도 없이 더러운 채로 연회장에 가는 것은 아닌지요? "합당하지 않은 이들을 태워버리는 석탄"인 "신비로운 피"에 가까이 갈 때마다 우리는 이 무형의 불을 향해 나아가는 듯한 느낌을 가집니다. 혹시 배반자 유다가 최후의 만찬에 갔던 것처럼 우리는 아무런 양심의 거리낌도 없고 가슴이 메어지는 느낌도 없이 함부로 성찬에 참석하는 것은 아닌지요? 주님의 정결한 몸과 고귀한 피를 모시려 할 때에는 이렇게 진정한 회개와 신성한 욕망이 우리 영혼에 넘쳐흘러야 합니다. 하늘의 영들인 천사들이 무서움과 두려움을 보이는 마당에, 죄 많고 죽을 목숨인 우리들은 하느님의 속성과 하나가 되려는 순간에 그 얼마나 두려워해야 할까요?

그러나 이렇게 두려워하는 것만으로는 충분치 않습니다. 확고부동하고 변하지 않는 믿음과 깊은 신뢰와 단순한 마음과 정신적으로 받아들일 준비가 된 상태에서 신비로운 이 성사에 참여해야 할 것입니다. 골고다에서 희생당하신 그리스도께서 진정으로 거룩한 제단 위에 계신다는 확신감이 우리 안에 넘쳐흘러야 합니다. 이것이 중요한 요지입니다.

"거룩하고 생명을 주는 성체 성혈을 모실 때는 – 크론스탄트의 사제 요한은 말합니다. – 그리스도 그분 자신을 우리가 모신다는 사실을 항상 염두에 두어야 합니다. 머릿속으로 성체 성혈 위에 '예수 그리스도'라고 쓴 후, 이를 가슴으로 내려보내고 가슴 속에 생명을 주시는 손님이신 그분을 모셔두는 것입니다. 이렇게 믿음을 갖고 성체 성혈을 영하고 나면 우리는 영혼의 크나큰 평화를 얻게 되고 말할 수 없는 행복감과 위안을 얻게 됨을 발견할 것입니다. 주님께서는 우리 믿음의 크기에 비례하여 그의 은덕을 베푸십니다. 주님의 몸과 피는 우리에게 생명을 주시며, 각 사람의 준비량에 비례하여 그 마음에 불꽃을 피워주십니다."

그러므로 우리는 하느님에 대한 경건한 마음과 믿음으로 정결한 그리스도의 몸과 피를 받아야 합니다. 그러나 어느 정도까지 우리가 경건해야 하고 두려워해야 할까요? 너무 두려워한 나머지 아예 성체 성혈 성사에서 멀어지는 결과를 초래하지 않을까요? 이 점을 분명히 밝혀두어야 할 것 같습니다. 왜냐하면 어떤 그리스도교인들은 지나치게 경외하는 나머지 성체 성혈 성사에서 아주 멀어지고 있고, 또 어떤 이들은 큰 용기를 내어 겨우 이에 임하고 있기 때문입니다. 여기에 대해 정교회의 정통파인 데살로니카 출신 니콜라오스 카바실라스는 어떻게 말하나 그의 작품

《성찬 예배의 해설서》에서 알아보기로 합시다 :

"성체 성혈 성사에 참가하는 것은 신도들이 단순히 원한다고 될 수 있는 문제가 아니라 사전에 많은 준비를 요구합니다. 그래서 주님의 몸과 피를 받아 모실 시간이 가까워오면 사제는 모든 신자들을 구별 없이 이 성사에 참석하라고 부르지 않습니다. 사제는 생명을 주시는 빵을 잡고 하늘을 향해 들어 올리며, 합당하게 준비를 한 사람들만이 성찬의 즐거움에 참여하라는 의미로 "거룩한 이 주님의 몸과 피는 거룩한 이들에게 합당하나이다"라고 말합니다. 이 구절을 풀이하면 다음과 같습니다 :

이것은 생명의 빵입니다. 그러니 빨리 오셔서 받으십시오. 그러나 모든 사람들이 오는 것이 아니라 거룩한 이들만이 앞으로 나오십시오. 거룩한 주님의 몸과 피는 거룩한 이들에게만 주어지도록 허락되었기 때문입니다. 여기에서 거룩한 이들이라는 것은 덕에 있어서 완전한 사람들만을 의미하는 것이 아니라 완전성을 향해 나아가고 있으나 아직 이에 도착하지 못한 사람들도 포함하고 있습니다.

그 어느 것도 이들이 주님의 거룩한 몸과 피를 받음으로써 거룩하게 되는 것을 방해할 수 없습니다. 이러한 점에서 그들은 역시 거룩한 이들입니다. 이것은 마치 모든 교회가 거룩한 교회라고 불리는 것과 같습니다. 사도 바울로께서는 모든 그리스도교 사회에 보내는 편지에서 "거룩한 형제들, 천상의 식탁에 초청받은 이들"이라고 쓰고 있습니다. 그들은 거룩하신 몸, 그리스도를 그들 안에 모셨고, 그리스도의 몸과 피를 영했기 때문에 거룩한 이들이라고 불리는 것입니다. 그들은 또한 그리스도의 몸의 일부가 되었고 그분의 살의 살이 되었고 뼈의 뼈가 되었습니다. 우리가 그리스도와 밀접하게 연결되어 있고 그분과 화목한 관계를 유지하는 한, 우리는 우리 몸의 머리와 심장이신 그분으로부터 성체 성혈 성사를 통해 축성을 받으며 거룩한 삶을 사는 것입니다. 우리가 지극히 거룩한 몸으로부터 떨어져 나오면 성사에 참여하는 것이 아무런 효과가 없어집니다. 떨어져나가 죽어버린 부분에 대해서는 생명이 전달되지 않기 때문입니다. 그러면 거룩한 몸에서 우리를 떨어져나가게 하는 것은 무엇일까요? 그리스도께서는 "너희들의 죄가 너희와 나 사이를 가르는도다"라고 말씀하십니다. 그러면 모든 죄가 인간을 죽게 만들까요? 아닙니다. 다만 치명적인 죄만이 우리를 죽게 만듭니다.

성 요한 크리소스톰에 따르면 치명적이지 않은 죄도 있습니다. 그러므로 우리 교인들은 그리스도로부터 우리를 갈라놓고 죽음을 가져오는 치명적인 죄를 범하지 않았을 경우에는 아무 장애를 받지 않고 성체 성혈을 영하고 축성을 받을 수 있습니다. 우리 그리스도교인은 몸의 머리이신 그리스도와 굳게 연결된 살아있는 팔과 다리라고 불리며, 실제로 또 그러한 존재이므로 이렇게 할 권리가 있는 것입니다. 이런 이유로 사제가 "거룩한 이 몸과 피는 거룩한 이들에게 합당하나이다"라고 하면 교인들은 "한 분이신 거룩하신 이요, 한 분이신 주님이시니, 예수 그리스도는 하느님의 영화로다"라고 응답합니다. 다시 말하면 우리는 그 누구도 자기 자신이나 자기 자신의 인간적인 덕으로부터 거룩해지는 것이 아니며, 거룩함은 오로지 그리스도로부터 나오는 것이라는 것을 의미합니다. 우리가 태양 아래에 수많은 거울을 놓아보면 그 거울들은 햇빛을 반사하면서 빛나기 때문에 태양이 여러 개 있는 것 같은 인상을 받습니다. 그러나 실제로는 태양은 하나입니다. 이와 마찬가지로 한 분이신 거룩하신 이가 교인들 안에 들어가셔서 그들의 영혼 속에 자리잡고 계실 때 우리는 거룩한 사람이 여러 명인 것 같은 인상을 받지만 실제로 거룩하신 이는 한 분이신 것입니다.

우리 안에 주님을 받아들일 두려운 순간이 오면 이런 요점들을 잘 기억해둡시다. 예배 집전자가 얘기하는 대로 경건한 마음과 믿음과 사랑으로 영광의 주님과 하나가 되기 위해 아름다운 문을 향해 겸손하고 정숙하게 다가갑시다.

3. "각 사람은 자신을 살피고"

우리의 구호는 언제나와 같이 사도 바울로께서 주신 교훈입니다 : "각 사람은 자신을 살피고 나서 그 빵을 먹고 그 잔을 마셔야 합니다." 이 말씀에 여러분들은 주의하시기 바랍니다. 자기 영혼을 잘 살펴보지 않고서는 합당하지 않은 이들을 태워버리는 신비의 석탄에게로 다가가지 맙시다. 성령을 입은 사도 바울로께서는 이 점을 절대적으로 강조하십니다. 성 요한 크리소스톰도 각자의 양심 속에 법원을 세울 것을 명합니다 : "네 자신이 스스로 재판관이 되어라." 우리 모두 자신의 생각과 행동과 말과 욕망을 잘 조사해봅시다. "씻지 않은 손으로" 살아계신 하느님 앞에 나선다는 것은 두려운 일입니다.

우리가 이웃을 사랑하지 않고 있고, 증오와 불일치와 차가움과 시기심이 우리 사이를 가르고 있는 상태에서 사랑의 하느님께 다가가는 것은 무서운 일입니다. 우리 일상생활에 정의와 정직을 적용하지 않은 채 생명을 주는 성찬에 참석한다는 것은 불경스럽고 신을 모독하는 행위입니다. 여러분이 고용한 사무원이나 일꾼이 부당한 대우 아래서 한숨을 쉬고 있고, "당신들이 당신들의 밭에서 곡식을 거두어들인 일꾼들에게 주지 않고 가로챈 그 품삯이 소리를 지르고 있을 때"(야고보의 편지 5장 4절) 어떻게 여러분들은 거룩하고 정의로우신 그분에게 가까이 갈 수 있겠습니까? 사랑의 열매인 조그만 희생을 우리가 먼저 남을 위해 하지 않고서는 그 훌륭한 주님의 희생에 참여할 수 없습니다. 사도 바울로께서 무슨 말씀을 하셨는지 여러분들은 아십니까? "정의와 불의가 어떻게 짝이 될 수 있으며 빛이 어떻게 어둠과 사귈 수 있습니까? 그리스도가 어떻게 벨리아르와 마음을 합할 수 있으며, 믿는 사람이 안 믿는 사람과 무엇을 같이 할 수 있겠습니까?"(고린도인들에게 보낸 둘째 편지 6장 14-15절) 불의에 빠져있는 사람이 어떻게 거룩하시고 지극히 거룩하신 분께 가까이 갈 수 있으며, 그의 욕망에서 나는 더러운 냄새와 신성한 제사에서 나는 천상의 향내를 어떻게 섞을 수 있겠습니까?

주님께서는 우리가 먼저 우리 형제들과 화해하지 않으면 제단에 어떠한 예물을 바치는 것도 허락하지 않으십니다. 그런데 어떻게 자기 동료와 사이가 좋지 않은 사람에

게 신성한 성찬에 참석하는 것을 허락하시겠습니까?(마태오에 의한 복음 5장 23절)

이 모든 것이 좀 엄하다고 생각하십니까? 신약성서는 "각 사람은 자신을 살피고"에 관해 어떻게 얘기하나 알아보기로 합시다 :

"그러니 올바른 마음가짐 없이 그 빵을 먹거나 주님의 잔을 마시는 사람은 주님의 몸과 피를 모독하는 죄를 범하는 것입니다. 각 사람은 자신을 살피고 나서 그 빵을 먹고 그 잔을 마셔야 합니다. 주님의 몸이 의미하는 바를 깨닫지 못하고 먹고 마시는 사람은 그렇게 먹고 마심으로써 자기 자신을 단죄하는 것입니다. 여러분 중에 몸이 약한 자와 병든 자가 많고 죽은 자도 적지 않은 것은 이 때문입니다."(고린도인들에게 보낸 첫째 편지 11장 27-30절)

하느님의 말씀이 이렇게 얘기하시는데 우리가 무엇을 덧붙이겠습니까? 그러니 성체 성혈 성사로부터 너무 오랫동안 멀리 떨어져 있어도 안 되며, 깨끗하지 못한 영혼과 사랑 없는 마음과 불경한 혀와 부당함을 자아내는 손을 가진 채 생명의 잔을 마셔서도 안 될 것입니다.

이에 관해 현명한 대 사제 에브게니오스 불가리스는 어떻게 얘기하나 들어보기로 합시다. 그는 전형적인 구약의

예를 인용하여 이렇게 말합니다 :

"부정한 몸으로서 감히 암송아지 고기를 먹은 자에게 내리는 벌이 그렇게도 엄했는데, 회개와 고백 성사를 통해 미리 깨끗해지지 않은 채 부정한 몸으로서 세상의 죄를 거두시는 하느님의 양을 자신의 더러운 입술에 대려고 하는 이에게 내려지는 벌은 과연 무엇이고 또 얼마나 무겁겠습니까? '그런 사람은 그 겨레로부터 추방시켜야 한다.' (레위기 7장 20절) 이 얼마나 큰 불행인지요! 진정 눈물을 수없이 흘려야 할 불행한 사건입니다."

우리를 위해 십자가에 못박히신 분에게 다가가기 위해서는, 죄에 관한 한 우리도 십자가에 못박히고, 옛 사람을 죽이고, 악에 관한 한 우리도 죽은 사람이 되지 않으면 안 됩니다. 이렇게 하지 않고 그리스도의 희생에 접근한들 무슨 소용이 있겠습니까? 우리가 자발적인 희생물이 되지 않는다면 어떻게 자발적인 희생물이신 그리스도와 결합할 수 있겠습니까? 죄악의 세상에 대해서는 죽은 자가 되고 하느님에 의하면 또 하느님을 위해서는 산 사람이 되어서 두려운 성찬에 경외하는 마음으로 다가갑시다. 세상의 허황된 것에 대해서는 눈을 꼭 감고 우리 영혼의 신랑을 볼 때에는 눈을 크게 뜬 채, 그분께서 우리에게 자신을 바치셨던 것처럼 우리도 그분에게 우리 자신을 맡깁시다.

이렇게 정신적인 준비를 하는 것을 옛날의 한 저자는 어떻게 느끼고 있나 보기로 합시다 : "그리스도의 희생에 의해 그리스도와 결합되어 있는 믿음 깊은 그리스도교인은 구세주 그리스도의 모범을 따라 죽은 자와 또 동시에 산 자가 되어야 합니다. 그리스도께서 돌아가시고 또 부활하셔서 죽음을 물리치시고 완전히 승리를 거두지 않으셨다면 그분의 희생은 결실을 맺지 못했었을 것이기 때문입니다. 그러므로 그리스도교인은 이 세상과 이 세상의 타락하고 세속적인 모든 것을 위해서는 죽은 자가 되고 오로지 하느님을 위해서는 예수 그리스도 안에서 산 자가 되어야 합니다. 또한 그리스도교인은 외면적으로는 구약 시절의 희생물처럼 되어야 하며 내면적으로는 우리 구원의 희생물이신 그리스도처럼 되어서 그분의 거룩한 속성을 본받아야 하겠습니다. 구약 시절의 희생물(제물)들은 제단 위에 묶이었고 죽음을 당한 후 제단의 불 위에서 태워졌던 것입니다. 이것이 우리 희생의 외면적인 형태에 대한 본보기입니다. 새로운 희생물이신 그리스도께서는 외면상으로는 전혀 살아 있는 흔적을 보이지 않으시지만 실제로는 조금도 변함없이 살아 계십니다. 여기에서 우리는 우리 희생의 내면적인 형태에 대한 본보기를 봅니다. 옛날 제물처럼 우리 믿음이 우리를 제단의 다리에 묶고, 이 세상의 부패한 것들을 보지 못하도록 우리 눈을 가립니다. 우리 믿음은 또한 우리 핏줄에서 더러운 피를 모두 뽑아내고, 우리 마음에서 부패한 요소를 모두 뿌리 뽑고, 우리 속에 존재하는 세속적인 것을 모두 사랑의 불로써 태워버립니다. 주님 앞에서 우리가 그의 마음에 드는 제물이 되기 위해서는 우리가 단지 죽은 자가 되는 것으로 충분치 않습니다. 죄에 관한 한 죽은 자가 되나 우리 살 위에 예수 그리스도의 십자가를 지은 자가 되어야 하며, 하느님의 성령에 의해 생명을 부여 받고 그분의 사랑 속에서만 숨을 쉬는 자가 되어야 합니다. 우리 영혼은 십자가에 못박힌 분의 몸 속에 살아있는 제물이 되어야 합니다. 우리의 육체적인 욕망은 십자가에 못박혀 사라져야 합니다.

4. "바로 서서"

"하느님에 대한 경건한 마음으로……"라는 구절, 사제가 우리를 생명의 잔으로 초청하면서 말하는 이 구절은 우리의 내적인 준비나 우리의 정신적인 자세만을 언급하는 것이 아닙니다. 이 말씀은 동시에 우리가 예배드리는 동안 지녀야 할 외적인 자세 또한 암시하고 있습니다. 예배시간에 우리는 속삭이는 소리, 떠미는 소리, 잡음과 그 잡음을 나무라는 소리 등을 흔히 듣습니다. 더욱 깊은 신앙심과 모범적인 정숙함으로 왕 중의 왕이신 분께 가까이 가야 하는 크리스마스나 부활절 같은 큰 명절에는 더욱 더 이것이 심해집니다. 얼마나 두려운 일입니까! 우리가 우리 인생에서 가장 중대한 사건에 참여하고 있는 바로 그 순간에 시장이나 까페에 가는 기분으로 교회에 나와 있는 사람들이 있다는 것을 생각할 때 진정 놀라지 않을 수 없습니다. 천사들과 대천사들이 두려움과 무서움에 떨고 있는 그곳에서 사람들은 하느님을 모욕하는 행위를 하고 있는 것입니다. 그러기에 지극히 성스러운 침묵이 흘러야 하는 그곳에 소란한 소리만 들리는 것입니다. 한 국가의 원수가 주최하는 연회와 같은 공식적인 집회에서 사람들은 아주 교양 있는 행동을 하고 예의를 잘 지킵니다. 그러니 전능하신 우주의 지배자를 우리가 뵈러가는 이곳에서는 그 얼마나 더 큰 예의와 교양 있는 행동이 요구되겠습니까?

"여러분들은 왜 그렇게도 소란을 피우십니까? – 성 요한 크리소스톰은 이렇게 묻고 있습니다. – 왜 그렇게 서두르십니까? 무슨 걱정거리가 갑자기 생각나셨나요? 그래 이 순간에 그런 것들을 생각해야만 하겠습니까? 여러분들은 지금 이 땅 위에, 이 세상에 있다고 생각하시나요? 인간들 사이에 여러분들이 있다고 생각하시나요? 좀 물어봅시다. 조금 전에 천사들과 함께 개선의 찬가를 하느님께 바쳤고 이제는 천사들과 함께 춤을 추어야 하는 이 순간에 땅 위에 여러분이 있다고 생각하시는 것은 차가운 돌 같은 마음을 가진 인간적인 생각과 자세가 아닐까요? 우리는 영혼의 가벼운 날개를 활짝 펴고 독수리처럼 하늘을 훨훨 날아가지 못하고 뱀처럼 땅위를 기어 다니며 흙을 먹고 있습니다."

"바로 서서"라고 조금 전에 집전자는 말하였습니다. 형제 여러분, 이 말에 주의를 기울여주시기 바랍니다. 신성한 잔을 보게 되면 절대적인 질서를 지키고 조용한 침묵 속에서 경건한 자세로 후회와 회개하는 마음으로 그 잔에 다가갑시다. 아무리 적은 소리도 들려서는 안 됩니다. 우리의 발걸음과 시선과 움직임과 복장 그 모두가 정숙하고 성스러워야 하며 그 순간의 엄숙함에 어울리는 것이어야 합니다. 먼저 남자들이 그리고 나중에는 여자들이 차례차례 거룩한 잔으로 다가갑니다. 그리고 입을 크게 벌리고, 두 손으로 성체 성혈에 쓰이는 붉은 수건을 꼭 잡습니다. 귀한 성체 성혈을 받아먹고 나면 우리의 입술을 성스러운 수건에 닦고, 조용하고 평화롭게 자리에 돌아와서 주 하느님께서 큰 선물을 주신 것에 대해 은밀하게 감사를 드립니다.

다마스코스 사람 요한은 성체 성혈 성사 동안 그리스도교인이 지녀야 할 자세에 대해 매우 감동적인 표현을 쓰고 있습니다 :

"불타는 열망을 안고 두 손을 십자가 모양으로 꼭 쥐고, 십자가에 못박히신 분의 몸을 맞아들입시다. 눈과 입과 이마와 온 몸으로 신성한 석탄을 받아들입시다. 그리하여 우리 안에 있는 욕망의 불이 그 석탄으로부터 불길을 받아들여 우리의 죄를 태워 없애고 우리 마음을 밝혀주고, 신성한 불과 하나가 된 가운데 우리 자신이 불태워져 거룩해집시다."

얼마나 멋진 광경입니까! 이렇게 될 수만 있다면 성체 성혈 성사가 얼마나 아름다워지겠습니까! 소음을 내는 현상이 악마를 기쁘게 한다면 이렇게 정숙하고 경건한 가운데 이루어지는 성체 성혈 성사는 천사들과 하늘나라의 임금님께 말할 수 없는 기쁨을 줄 것입니다. 그 뿐만 아니라 다른 그리스도교인들을 가르치고 그들의 용기를 북돋아줄 것입니다. 우리의 우월성과 정신적인 세련됨을 보여주는 좋은 본보기가 되며 모든 사람들을 기쁘게 하고 그들에게 영감을 줄 것입니다. 또한 이방인과 다른 종파 그리스도교인과 이교도인들에게까지도 우리 정교회의 예배가 얼마나 아름다운 것인가를 가르쳐주는 훌륭한 교훈이 될 것입니다.

그러나 한 가지 더 주의해야 할 것이 있습니다. 주의 깊게 질서를 지키며 성체 성혈 성사에 참여하는 것만으로 충분치 않으며 알맞은 시간에 참여하는 것이 필요합니다. 불행히도 몇몇 사람들은 아침 일찍 성찬 예배가 거행되기도 전에 와서 급한 사람들(중환자, 임종을 맞는 사람들)을 위해 성 대 목요일 날에 미리 축성된 성체를 영할 수 있게 해달라고 사제에게 조릅니다. 그러나 이것은 큰 잘못입니다. 성찬 예배에 처음부터 참례하지 않는다면, 예배가 진행되는 동안에 드리는 기도문과 성가에 참가하지 않는다면, 어떻게 우리가 성체 성혈을 영할 수 있겠습니까? 그러한 불경스러운 성급함은 용납되지 않습니다. 이와 마찬가지로 성찬 예배가 끝나갈 무렵에야 와서 성체 성혈이나 겨우 받겠다고 하는 것 또한 이해할 수 없고, 용납할 수 없는 행동입니다. 그것은 기만인 것입니다. 그러므로 하느님의 간결하신 명령대로 "모든 것은 올바르고 질서정연하게" 이루어져야 한다는 것을 잊지 맙시다.

마지막으로 우리는 성체 성혈에 임하기에 적절한 준비를 우리의 자녀들에게도 시켜야 할 것입니다. 아무리 적은 어린애라 할지라도 "사탕"이나 "단술" 혹은 이와 비슷한 것을 먹게 되리라고 거짓말을 해서는 안 될 것입니다. 오히려 그리스도를 그들 안에 모실 것이라고 얘기해줌으로써 이 특별하고 장엄한 성체 성혈 성사에 대해 그들도 두려움과 경건함을 갖게 되도록 해야 할 것입니다.

제3장

우리는 어떤 이익을 얻나?

1. 선물의 근원

성체 성혈 성사는 우리가 우리 구세주 그리스도의 몸과 피를 직접 먹고 마시는 것이기에 이 성사로부터 얻는 이익은 얼마나 크고 이 성사가 주는 선물은 얼마나 많은가 하는 것은 누구나 쉽게 알 수 있을 것입니다. 그러나 그 누구도 그리스도의 몸과 피를 먹고 마심이 신자들의 가슴에 주는 큰 영향력에 대해 하나하나 깊이와 넓이를 다져가며 묘사할 수는 없으리라고 생각됩니다.

성찬 예배의 기도문에서 자주 반복되는 구절 하나가 이 초자연적인 선물의 무한한 부에 대해 간결한 말로 정의하고 있습니다 : "죄 사함과 영원한 생명을 위해." 그렇습니다. 이 무한한 가치를 가진 성사는 니싸의 성 그리고리오스가 얘기하듯이 세척제인 것입니다. 또한 그리스도께서는 죄로 인한 "죽음의 행실"로부터 우리의 양심을 깨끗하게 하기 위해 그의 피를 흘리셨던 것입니다.(히브리인들에게 보낸 편지 9장 14절)

주님 자신께서도 그의 마지막 가르침에서 누차 강조하시고 확인하셨던 바와 같이, 이 놀라운 성체 성혈 성사는 우리에게 영원한 생명의 길을 열어줍니다.(요한에 의한 복음 6장 50-59절) 초기 그리스도교인들이 이름을 붙였듯이 이는 "불멸의 약"이며, 우리들의 부활에 대한 언약이며 보증입니다. 성 대 바실리오스에 의하면 이는 "영원한 생명의 양식"이며, 봉헌 기도문에 나오는 것처럼 이는 우리로 하여금 "하늘나라를 상속받을 수 있게" 합니다. 알렉산드리아의 대주교 키릴로스는 이 놀라운 성체 성혈 성사에서 "주님은 자신의 살을 통해서 우리 안에 생명을 깊이 넣어 주시고 우리 안의 모든 타락을 없애는 불멸의 씨를 심어 주십니다"라고 말합니다. 콘스탄티노플의 총대주교 예레미아스도 이렇게 위대한 진리를 얘기합니다 : 우리가 선악과를 따먹고 하느님과 낙원으로부터 멀어져 죽어버린 존재가 되었지만 영혼의 양식인 주님의 몸을 먹음으로써 우리가 영원한 생명을 다시 찾고, 타락을 뱉어버리고, 영원히 죽지 않으시는 분, 그리스도와 결합하게 됩니다.

성체 성혈 성사를 받음으로써 우리가 받는 선물은 비단 이것만이 아닙니다. 우리는 또한 "성령과 친교"를 맺어 성삼위의 세 번째 모습이신, 생명을 주시고 위안을 주시는 성령의 선물과 축복을 받게 됩니다. 성령은 우리의 믿음을 더욱 강하게 하시며, 우리의 희망을 더욱 크게 하시며, 우리의 사랑과 덕을 더욱 넓게 하십니다. 이렇게 하여 성령은 거룩하고 은총에 넘치는 새로운 삶으로 우리를 인도합니다. 성령은 우리가 일상생활을 살아가는 데에 지혜와 힘을 줍니다. 우리 머리가 깨이도록 하고, 우리 의지를 강하게 하고, 우리의 감정을 순수하게 만듭니다. 성 요한 크리소스톰이 얘기하듯이 이 신성한 빵이 우리에게 생명을 주고 우리 영혼에 양식이 됩니다. 성 대 바실리오스가 감사 기도문에서 강조하고 있듯이 성체 성혈 성사는 "우리가 부끄럽지 않은 신앙과 꾸밈없는 사랑과 넘치는 지혜를 갖게 하고, 우리의 영혼과 육체의 병이 낫게 하고, 우리의 모든 적을 물리치게 하고, 우리가 하느님의 명령에 잘 순종하게" 합니다. 다시 말해서 하느님의 계명이 정하는 모든 덕을 우리가 소유할 수 있도록 합니다. 이렇게 하여 세례로써 시작된 우리의 영적인 생활이 계속 발전되어 나가는 것입니다. 우리는 새로운 신성한 힘을 받아서 은총을 입은 완전한 사람이 되고, 우리 영혼은 처음으로 아름다워집니다.

이 모든 것 외에도 성체 성혈 성사는 우리가 하느님께

"떳떳하게" 나아갈 수 있는 은혜를 줍니다. 구세주 그리스도의 몸과 피를 우리 안에 모심으로써 약하고 죄 많은 우리들도 감히 용기를 내어 하늘에 계신 우리 아버지를 대할 수 있습니다. 특히 유혹을 느낄 때나 슬플 때, 또 각종 질병과 시련에 시달릴 때에는 성체 성혈 성사가 "영혼과 육체를 보호하는 방패"가 된다고 성 다마스키노스는 말합니다. 성체 성혈 성사는 또한 믿음과 덕의 순교자들과 영웅들을 강하게 하는 무기이고, 악마의 화살에 뚫리지 않는 옷이고, 모든 공격을 막아내는 방패입니다. 그러니 우리 인생이 순조롭지 못한 순간에는 이 유일한 약이자 무기이며 의지할 곳이자 위안인 성체 성혈 성사를 잊지 맙시다. 이 성사를 통해서 병자는 치유자이며 구세주이신 분께 다가가고, 굶주리고 목마른 이는 생명의 샘물로 가고, 구속받는 이는 해방자에게로 가고, 헐벗고 추위하는 이는 따뜻함의 근원으로 다가가는 것입니다. 고통을 당하고 있는 모든 사람들이 이것을 알고 있다면 얼마나 좋을까요?

그러나 성체 성혈 성사에서 얻는 가장 중요하고 그 어느 것과 비할 수 없는 이익은 보잘것없는 인간이 전능하신 분과, 창조물이 창조주와, 종이 주인과 결합하는 것입니다. 고귀한 예물을 받음으로써 우리는 그리스도를 우리 안에 모시는 소위 "그리스도를 지닌 자"가 된다고 예루살렘의 대주교 키릴로스는 쓰고 있습니다. 알렉산드리아의 대주교 키릴로스는 효소가 밀가루 반죽과 섞이듯이 인간이 하느님과 "함께 섞이어 혼합된다"고 말하며 성 요한 크리소스톰은 성체 성혈 성사를 통해 인간이 하느님의 속성과 "혼합되고 엉키고 뒤섞이고 일치된다"고 말합니다. 성 다마스키노스는 성체 성혈 성사는 인간을 "그리스도와 한 몸"으로 만든다고 말합니다. 미리 축성된 성찬 예배 기도문에 쓰여 있듯이 성체 성혈 성사를 통해 "주님은 우리 안에 머무시고, 우리 안에서 걸어 다니시며, 우리는 지극히 거룩하시고 경배되시는 그의 성령의 성전이 됩니다." 다시 말해서 구세주 그리스도와 우리 인간들 사이에 놀랍고 초자연적이고 신비롭고 이해할 수 없는 결합이 이루어집니다. 주님 자신도 이렇게 말씀하시지 않으셨던가요? "내 살을 먹고 내 피를 마시는 사람은 내 안에서 살고 나도 그 안에서 산다."(요한에 의한 복음 6장 56절) 이렇게 하여 우리는 신성한 그리스도의 생명을 받게 되며 그리스도께서 화해의 제사를 통해 우리에게 주신 선물을 받게 되는 것입니다. 각 지체는 교회의 머리와 신비롭고 보이지 않는 방법으로 결합되며, 우리는 외롭게 홀로 투쟁에 참가하는 것이 아니라 전능하신 지도자 그리스도와 결합되어 있으며, 그분의 살 중의 살이 됩니다.

이 문제를 좀 더 깊게 생각해 보셨나요? 우리가 지도자와 결합되어 있다는 것은 다시 말해서 우리들이 서로 하나로 결합되어 있는 것을 의미합니다.

"빵은 하나이고 우리 모두가 그 한 덩어리의 빵을 나누어 먹는 사람들이니 비록 우리가 여럿이지만, 모두 한 몸인 것입니다."(고린도인들에게 보낸 첫째 편지 10장 17절) 우리가 하나의 빵을 나눠먹는 한, 우리가 사랑으로 성체를 모시는 한, 우리는 정신적으로 하나이며, 이 일치를 통해 교회의 몸이 더욱 굳건해지는 것입니다. 다시 말해서 성체 성혈 성사를 통해 우리는 그리스도와 하나가 될 뿐만 아니라, 우리들끼리도 서로 하나가 되는 것입니다. 이런 이유로 성 어거스틴은 성체 성혈 성사를 "결합 지점과 사랑의 매듭"이라고 말합니다. 이렇게 사랑의 매듭을 통해 가정이 형성되고 죄에 의해 분열된 사회가 놀랍게도 뭉치게 되는 것입니다. 동일한 부모로부터 태어나서 키워진 형제들이 서로 사랑하는 것은 아주 당연한 일입니다. 이와 마찬가지로 합당하게 성체 성혈을 모신 자들은, 하늘나라 아버지 그분 자신에 의해 새로 태어났고 구세주의 몸과 피라는 신성한 양식을 같이 먹고 자라기에, 사랑으로 굳게 연결되어 있는 것입니다.

교부들이 사용하는 비유에 따르면 신성한 감사 성사는 자궁과 같으며, 이 자궁에서 어머니 교회는 자신의 아이들을 그리스도에게 낳아주며, 그리스도 안에서 그들의 모습이 형성되게 합니다. 이렇게 신성한 감사 성사를 통해 그리스도의 신비로운 몸이 완성됩니다. 왜냐하면 전에는 죄로 인한 온갖 분열의 씨앗 때문에 서로 떨어져 있던 사람들이 이제는 하나로 모여서, 같은 피를 공급받고 같은 성령에 의해 생명력을 갖는 하나의 연결된 기관을 형성하며, 그 기관의 부분들을 조화롭게 늘여 "성숙한 인간"과 "그리스도의 완전성"에 도달하기 위해 부단히 노력하고 있기 때문입니다.

우리가 성사를 통해 먹고 마시는 주님은 통합자가 되시어 "유다인과 이방인을 화해시켜 하나로 만드시며" 우리 모두를 "하나의 새 민족으로" 만드시며(에페소인들에게 보낸 편지 2장 14-15절), 또한 성 대 바실리오스가 봉헌 기도문에서 얘기하듯이 "우리를 성령과 친교를 맺게" 하십니다.

"빵은 무엇입니까? - 성 요한 크리소스톰은 이렇게 묻습니다. - 그리스도의 몸입니다. 그러면 그 빵을 먹은 이들은 어떻게 될까요? 역시 그리스도의 몸이 됩니다. 그러나 여러 몸이 되는 것이 아니라 하나의 몸이 됩니다. 많은 양의 밀가루가 각각의 속성을 잃지 않은 채 꼭 뭉쳐서 하나의 빵이 되듯이, 우리도 우리끼리 그리고 그리스도와 꼭 연결되어 있는 것입니다. 누구는 이 몸에서, 누구는 저 몸에서 영양을 공급받는 것이 아니라 우리 모두가 같은 몸에서 자양분을 얻는 것입니다. 이런 이유로 "우리 모두는 한 덩어리의 빵을 나눠 먹는 사람들이니……"라고 말하는 것입니다. 그리스도께서는 오랫동안 멀리 떨어져 있는 여러분을 그 자신과 결합시키셨습니다. 그런데도 여러분은 여러분들의 형제와도 결합하고자 하지 않으며, 주님에게서 그렇게 많은 사랑과 생명을 받고서도 여전히 그분으로부터 분리되고자 하십니까?"

2. "사자처럼"

　성 요한 크리소스톰 만큼 신성한 감사 성사가 주는 이익에 대해 많이 찬양한 사람은 없을 것입니다. 안티오키아와 콘스탄티노플의 연단에서부터 그의 뜨거운 마음과 불타는 입은 쉬지 않고 위대한 감사 성사가 주는 무진장한 보고에 대해 찬양하였습니다. 끊임없이 새로운 상징과 비유를 사용하여 청중을 충동하고 자극하고 그들 마음에 불을 질러서 그들로 하여금 이 성찬이 주는 선물을 사랑하고 느끼게 하였습니다.

　"어느 목자가 자신의 팔과 다리로써 양을 먹이겠습니까? - 성 요한 크리소스톰은 설교에서 이렇게 묻습니다. - 수많은 어머니들이 해산의 고통을 통해 애를 낳고는 자신의 애를 유모에게 맡깁니다. 그러나 그리스도께서는 이를 용납하지 않으십니다. 그리스도께서는 오히려 자신의 피로써 우리를 먹이시고 그 자신과 우리를 결합시키십니다."

　훌륭한 웅변가인 크리소스톰은 이런 얘기 다음에 성체

성혈 성사가 주는 크나큰 이익에 대해 다음과 같이 말합니다 : "불을 뿜어대는 사자처럼 되어 성 제단으로부터 떠납시다. 악마에게는 두려운 존재가 되고, 우리의 머리이신 그리스도와 그분이 우리에게 보이신 사랑을 좀 더 잘 이해하도록 합시다. …… 그리스도의 이 피가 우리 마음속에 하늘나라의 모습을 생생하게 그려내고, 천국의 아름다움을 만들어냅니다. 이 피가 우리 영혼의 고상함이 시들지 않게 할 뿐만 아니라 오히려 그 고상함을 유지시키는 자양분을 계속 공급하는 것입니다. 우리가 음식을 먹으면 그 음식은 곧 피가 되지 않고 다른 것이 되지만 이 그리스도의 피는 이와는 달리 우리 영혼을 적셔주고 그 영혼에 큰 힘을 줍니다. 이 피는 우리가 합당하게 받아 마신 경우에는 악마들을 우리에게서 멀리 쫓아내고, 천사들과 천사들의 주인이신 분을 우리 쪽으로 불러들입니다. 위협적인 이 피를 보면 악마들은 달아나지만, 천사들은 좋아서 달려오기 때문입니다. 이 피는 또한 그리스도께서 흘리셨을 때 온 세상을 깨끗하게 씻은 피입니다. 사도 바울로께서는 히브리인들에게 보낸 편지에서 여러 가지로 이 피에 대해 설명하고 있습니다. 그리스도의 피가 지성소를 깨끗하게 하였습니다. 구약 시절에는 염소와 송아지의 피도 위력이 있었기 때문에 유다인의 성전이나 이집트에서는 사람들이 문설주에 이 피를 발랐는데, 진정한 그리스도의 피는 이보다 몇 배의 힘이 있습니다. 구약 시절에는 염소나 송아지의 피가 제단을 거룩하게 하였고, 대사제는 반드시 그 짐승의 피를 가지고 지성소에 1년에 한 번씩 들어갔던 것입니다. 그리스도의 피의 상징인 동물들의 피가 사제들에게 신품 성사를 주었으며, 우리의 죄를 사하여 주었으며, 대단한 위력을 가졌기에 죽음도 이를 두려워했던 것입니다. 그러니 진정한 피인 그리스도의 피는 더군다나 죽음이 그 얼마나 무서워하겠습니까? 그리스도의 피는 우리 영혼을 구원하며, 이 피로 우리의 영혼은 깨끗하게 씻기며 아름답게 장식되어 집니다. 이 피로 우리의 영혼은 덥혀집니다. 이 피가 우리 두뇌를 불보다 더 빛나게 하고 우리 영혼을 금보다 더 아름답게 만듭니다. 이 피가 흘렀기 때문에 우리에게는 천국이 열렸습니다."

자기가 좋아하는 주제인 성체 성혈 성사에 대해 얘기할 때 성 요한 크리소스톰의 상징과 비유는 끝이 없습니다. 그는 지치지도 않고 물리지도 않은 채 그리스도에 대해 얘기합니다. 계속해서 그의 얘기를 들어보기로 합시다 : "우리가 금을 녹여 그 속에 손을 넣거나, 가능하다면 혀를

넣어보면 우리의 손과 혀는 온통 금으로 변할 것입니다. 그리스도의 피는 이처럼 아니 이것보다도 훨씬 더 우리 영혼을 변하게 만듭니다. 그리스도의 피는 불길보다도 더 강하나 타지 않는 강물과 같아서 그 안에 들어가는 사람을 모두 깨끗하게 씻어줍니다. 옛날에는 의로운 이들이 제사를 드릴 때에는 제물들의 피로 그리스도의 피를 대신해서 사용했습니다. 그리스도의 피가 온 세상을 살 수 있는 값입니다. 그리스도께서는 그 피로 교회를 구입하셨고 그 피로 교회를 온통 장식했습니다. 사람들이 노예를 살 때에 금으로 값을 지불하며, 그 노예를 장식하고자 할 때에도 역시 금으로 합니다. 이와 마찬가지로 그리스도께서는 피로써 우리를 사들이셨고 그의 피로써 우리를 장식하셨습니다. 이 피를 마시는 자는 누구나 하늘나라의 천군 천사들과 자리를 같이 하며 그리스도가 입으시는 왕의 옷을 입으며 영적인 무기를 갖는 것입니다. 그러나 이보다 더 중요한 것은 그리스도의 피를 마시는 이들은 왕이신 그리스도 자신을 옷으로 입고 있는 것입니다. 이렇게 성체 성혈 성사는 위대한 것이기에 깨끗한 마음으로 참여한 자는 구원을 받고 더러운 양심으로 참여한 자는 지옥과 형벌을 받는 것입니다."

3. 일치와 신성화

성 디오니시오스 아레오빠기티스는 《교회의 성직 계급 조직에 관하여》라는 그의 저서에서 성체 성혈 성사의 결실로서 신자들이 받는 일치에 대해 특별히 다루고 있습니다. 그는 말하기를 신성한 감사 성사는 분열된 인간들의 이 세상에서의 생활을 일치로 이끌며, 동시에 인간을 하느님의 위치로 끌어올리는 것이라고 합니다. 이런 이유로 신성한 감사 성사는 '씨낙씨스'(집회 또는 모임)라고 불립니다. 신성한 감사 성사는 또한 여러 직종에 종사하는 각종 사람들을 한 분이신 하느님을 향한 하나의 사회 속에 결합시키므로 '끼노니아'(친교)라고도 불립니다. 이런 이유로 기타 다른 예식들은 우리를 한 분이신 하느님과 결합시키는 신성한 감사 성사에 부속되며, 그 성사에 근원을 두고 있습니다.

성 디오니시오스에 의하면 신성한 감사 성사의 근본 목적은 바로 "일치를 가져오는 신성화"인 것입니다. 디오니

시오스는 그의 책에서 이렇게 말하고 있습니다 :

"성찬 예배서를 읽고 그곳에 나오는 성가들을 노래함으로써 우리는 덕 있는 삶이 무엇인가를 배우게 되고 우리 마음은 악으로부터 깨끗해집니다. 같은 빵을 먹고 잔을 마심으로써 우리는 '하느님 안에서 같은 생활을' 하게 되는 것입니다. 다시 말해서 일요일의 성찬에 같이 참석하여 같은 음식을 먹는 사람들은 영혼의 일치를 얻는 것입니다. 이런 이유로 주님은 성찬에 경건하게 참여하지 않은 유다를 배제하시고 다른 사람들로부터 구별하셨던 것입니다. 그러면 왜 함께 성찬을 든 유다를 성사로부터 배제하셨을까요? 이것은 바로 우리가 육체적으로만 성찬에 참여하는 것으로 충분치 않으며, 정신적으로 참여해야 한다는 것을 가르치시기 위해서입니다. 충분한 이해력을 갖고 다가와서 믿음으로 온 영혼을 다 바쳐 참석하는 것이 진정한 성체 성혈 성사인 것입니다. 유다는 육체적으로는 참석하여 같이 성사를 나누었지만 정신적으로는 참석지 않았던 것입니다.

성찬 예배 중간에 사제들이 서로 껴안는 것은 이 일치를 위해 우리를 준비시키기 위한 것입니다. 우리가 서로 분리되어 있으면, 우리끼리 하나로 합쳐지고 또 한 분이신 주님과 평화롭게 하나가 되는 것이 가능하지 않기 때문입니다. 포옹하는 것은 이렇게 서로가 하나가 되는 것을 의미합니다. 한 분이신 그리스도에 대한 생각에 싸여 우리가 거룩한 가운데 일치를 이룰 때에, 우리 사이를 가르는 물질적이고 더러운 욕망에 우리는 얽매이지 않게 됩니다. 이렇게 일치되고 나누이지 않는 삶을 평화의 예식인 성체 성혈 성사는 마련하는 것입니다.

성스러운 예식에 오는 사람들은 그 전에 미리 자신들의 영혼 속에 깊이 숨어있는 모든 더러움을 깨끗이 씻어내야 합니다. 그렇게 하여야만 하느님과 하느님의 초자연적인 성스러운 광채가 그들을 밝혀주고 그들의 모습을 다듬어 주기 때문입니다. 영혼이 깨끗해야만 신성한 빛을 받아들일 수 있으며, 완전하고 유난히 빛나는 천상의 광채를 받아들일 수 있습니다.

그러나 우리가 거룩한 신비의 예식을 거행하여 그리스도의 거룩한 생애에 대한 기억을 끊임없이 새롭게 하지 않으면 어떻게 하느님을 모본할 수 있겠습니까? 그래서 주님은 성체 성혈 성사가 그를 기념하여 행해져야 한다고 말씀하셨습니다. 일치를 이루는 성체 성혈 성사를 통해 보잘 것없는 우리가 완전하신 하느님과 하나가 되며, 그의 몸에

팔과 다리가 되어 연결되며, 그의 거룩하고 성스러운 생애에 연결되는 것입니다. 그렇지 않고 더러운 욕망에 휩싸여 죽어버리게 될 때에는, 우리는 살아있고 건강한 그리스도의 거룩한 몸에 부착되지도 않으며 연결되지도 않을 것입니다. 죽어버린 몸의 일부는 살아있는 몸과 연결될 수 없기 때문입니다.

이것이 우리가 신비로운 성찬에 참여했을 때 얻는 말할 수 없이 귀하고 비밀스러운 이익인 것입니다. 이것이 바로 우리를 '하나의 성령의 친교에 의해' 살아 있고 열매가 무성한 하나의 포도나무에 우리를 연결시켜 주는 성체 성혈 성사의 깊은 의미인 것입니다."

4. "세든 분이며 집"

 성체 성혈 성사에 대해 특히 깊게 연구한 또 한 분의 교부는 니콜라오스 카바실라스입니다. 그는 《그리스도 안에서의 삶》이라는 책에서 성사 중의 성사인 성체 성혈 성사를 통해 어떻게 그리스도교인이 그리스도와 하나가 되는가를 가르치고 있습니다. 거룩한 이 교부의 거룩한 생각을 따라가 보기로 합시다 :

 "우리는 주님의 정결한 몸을 먹고 거룩한 피를 마시기 위해 신비로운 성찬에 옵니다. 성체 성혈 성사를 통해 그리스도교인은 그의 영적인 생활을 최고의 수준으로 끌어올립니다. 이 위대한 성사에 참석함으로써 얻는 기쁨보다 더 큰 기쁨을 우리 인간들이 얻을 수 있으리라고는 그 누구도 생각할 수 없습니다. 왜냐하면 여기서는 우리가 좀 더 나은 생활도 할 것이라는 그런 단순한 문제가 아니기 때문입니다. 성체 성혈 성사를 통해 우리는 성령이 주시는 선물 몇 가지만 받는 것이 아니라, 우리에게 큰 은혜를 베푸시는 부활하신 주님 자신을, 모든 영적인 은혜와 선물이 들어있는 성전 그 자체를 우리가 받는 것입니다. 의심할 여지없이 그리스도는 교회의 모든 성사에 존재하십니다. 그리스도께서는 이 여러 성사에 참여하는 사람들 안에 또한 계시고 그들에게 여러 방법을 통해 은총을 베푸십니다. 그러나 그리스도께서 신성한 감사 성사로 사람들을 인도하시고 그들에게 영적인 양식으로 자신의 몸과 피를 주실 때에는 사람들을 완전히 변화시키는 기적이 일어납니다. 성체 성혈 성사를 모시기 전까지만 해도 사람들은 흙에 불과하였습니다. 그러나 성체 성혈 성사 후에는 사람은 더 이상 흙이 아니고 왕의 모습을 갖게 되고 왕이신 그리스도의 몸이 됩니다. 그러니 이보다 더 큰 행복이 어디 있겠습니까?

주님께서는 약속하시기를 성체 성혈 성사를 통해 주님 자신이 우리 안에 머무시고 우리는 그분 안에 머문다고 하셨습니다 : "내 살을 먹고 내 피를 마시는 사람은 내 안에서 살고 나도 그 안에서 산다."(요한에 의한 복음 6장 56절) 그리스도께서 우리 마음속에 영원히 머무실 때 우리가 더 이상 무엇을 필요로 하겠습니까? 그 때에 과연 우리에게 부족한 것이 무엇이 있겠습니까? 그리스도 이상으로 우리가 더 바랄 것이 무엇이 있겠습니까? 우리에게 그리스도는 세든 분이시자 집이십니다. 우리는 이 집을 가지고 있기에 행복하며, 우리가 그리스도를 위한 집이 되기 때문에 또한 더욱 행복합니다. 우리가 이런 관계를 주님과 맺고 있을 때 영적인 보물 중에 우리 것이 아닌 것이 무엇이 있겠습니까? 우리가 이렇게 영적으로 빛나는 상태에 도달할 때 어떻게 세상의 허영과 사악함에 휩쓸리는 일이 가능하겠습니까? 그 어떤 교활한 것도 죄 있는 것도 영적인 이 보물 앞에서는 바로 서지 못할 것입니다. 그리스도께서 그의 모습으로 우리를 가득 채우시고, 우리 영혼 구석구석까지 스며드시고, 우리 내부 깊숙한 곳을 지배하시고, 사방에서 우리를 보호하여 주실 때에는 그 어떤 악함도 우리 마음속에 들어오지 못할 것입니다. 악마가 외부로부터 침입하려는 것을 우리 마음속에 머무시는 그리스도께서 막아 주십니다. 그리스도께서는 또한 우리 영혼에 세든 분이시므로 자신의 집인 우리의 영혼을 자신으로써 가득 채우시기를 원하시기 때문에, 우리 내부에 있는 죄가 되는 충동을 모두 쫓아내십니다. 이 모든 것이 가능한 이유는 우리가 단순히 그리스도의 일부를 우리 안에 모시고 있는 것이 아니라 그리스도의 전부를 모시고 있기 때문입니다. 우리는 약간의 영적인 광선이나 소량의 빛을 가지고 있는 것이 아니라, 우리 영혼 속에 영적인 태양이신 그리스도를 완전히 소유하고 있으며, 그리스도와 하나가 되며, 몸과 영혼과 우리의 다른 모든 기관이 영적으로 변합니다. 신성하고 높은 것은 인간적인 낮은 것을 지배합니다.

다시 말해서 사도 바울로께서 부활에 대해 말씀하신 바로 그 일이 우리에게 일어나는 것입니다 : "죽음이 생명에게 삼켜져 없어지게 되기를"(고린도인들에게 보낸 둘째 편지 5장 4절), "이제는 내가 사는 것이 아니라 그리스도가 내 안에서 사시는 것입니다."(갈라디아인들에게 보낸 편지 2장 20절)

성체 성혈 성사는 설명할 수 없는 위대한 신비의 성사이며, 우리는 이 성사를 통해 그리스도와 하나가 되며, 그리스도의 생각이 우리의 생각이 되고, 그리스도의 의지가 우리의 의지가 되고, 그리스도의 몸이 우리의 몸이 되고, 그리스도의 피가 우리의 피가 됩니다. 우리의 생각이 그리스도의 생각에 지배받을 때 진정 우리의 생각은 그 얼마나 고상해지고, 우리의 의지가 그의 복된 의지에 종속될 때 또한 우리의 의지는 그 얼마나 고상해지겠습니까? 흙으로 된 우리의 몸은 그리스도의 불길 속에 있을 때 그 얼마나 깨끗해지겠습니까? ……

신성한 감사 성사는 이렇게도 위대한 것입니다. 인간을 선함의 최고봉으로, 인간이 도달할 수 있는 가장 높은 수준으로 끌어 올립니다. 왜냐하면 바로 이 성사를 통해 완전한 일치 속에서 하느님과 우리가 하나가 되기 때문입니다.

성찬예배를 해설하는 또 다른 책에서 현명하고 덕 있는 저자, 데살로니카인 니콜라오스 카바실라스는 다음과 같이 얘기합니다 :

"신성한 감사 성사와 교인들이 모인 교회의 관계는 상징적인 관계가 아니라 심장과 팔 다리의 관계, 뿌리와 가지의 관계, 또는 주님께서 말씀하셨던 것처럼 포도나무와 포도나무 가지의 관계입니다. 이 둘 사이에는 단순히 공통적인 이름이나 유사점들이 존재하는 정도가 아니라 하나의 동질성이 존재합니다. 신성한 감사 성사에서 빵과 포도주가 그리스도의 몸과 피로 변하며, 그리스도의 몸과 피가 교회 안에서 교인들의 진정한 양식과 음료수가 되는 것입니다. 우리가 이것을 먹고 마시면 이것은 다른 음식물처럼 사람의 살로 변하는 것이 아니라, 이것을 먹고 마신 교인 자체가 오히려 이것에 의해 변하게 되는 것입니다. 우리가 쇳덩이를 불 속에 넣으면 쇳덩이가 불처럼 되며, 불이 쇳덩이로 되지는 않습니다. 또한 쇳덩이가 불에 달궈져 빨갛게 되면 쇳덩이라기보다는 불같아집니다. 왜냐하면 쇳덩이의 특성이 불에 의해 사라져버렸기 때문입니다. 우리가 그리스도의 교회도 이런 눈으로 본다면 교인이 그리스도의 살을 먹고 마심으로 해서 그리스도와 결합되며 결국에는 그리스도의 몸의 일부가 된다는 것을 깨닫게 될 것입니다."

5. 달고도 단 열매

 그 누가 신성한 감사 성사가 맺는 달고도 단 생명의 열매에 대해 일일이 열거할 수 있으며, 이 성사가 가져오는 초자연적이고 기적적인 영향력에 대해 설명할 수 있겠습니까? 일찍이 거룩하고 덕 있는 우리 선조들이 이에 대해 증언한 것은 수없이 많습니다. 5세기 전, 데살로니카의 시메온 대주교는 이렇게 쓰고 있습니다 : "이 제사가 많은 사람들에게 말할 수 없는 이익을 주고 구속과 죽음에서 우리 인간을 해방시킨다는 것은 우리에게 기록으로 전수되어온 많은 사건과 기적에서 뚜렷이 나타나 있습니다."

 20세기의 또 한 분의 성인은 그의 경험에서 얻은 다음과 같은 중요한 얘기를 하고 있습니다 : "내가 주님의 정결한 몸을 먹고 거룩한 피를 마신 후에는 주님은 나의 불결하고, 실망스럽고, 미지근하고, 어둡고, 연약하고, 악한 속성 대신에 영적이고, 순결하고, 선하고, 대담하고, 빛나고, 지혜롭고, 동정심 깊은 속성을 내게 심어주신 것을 나는 마음속으로 수천 번 경험하였습니다. 내 안에서 일어난 이 놀라운 변화는 여러 번 나와 다른 사람들에게 전혀 뜻밖의 일로 일어났습니다. 이 성사의 생명을 주는 특성이 얼마나 위대한가 생각하면서 나는 감탄을 금할 수 없습니다." 크론스탄트의 경건하고 위대한 사제는 이렇게 쓰면서 신성한 감사 성사가 합당하게 성체 성혈을 영한 신자들에게 행한 기적을 나열하고 있습니다. 그리고 다음과 같은 결론에 도달합니다 : "주 그리스도시여, 부주의로 인해 죄에 빠진 나를 당신은 지금까지 몇 번이나 새롭게 해주셨는지요! 감히 셀 수도 측량할 수도 없습니다. 내 안에서 불타고 있는 여러 가지 욕망의 용광로로부터, 실망과 절망의 낭떠러지에서 당신은 몇 번이나 나를 구해주셨는지요!"

J. Grou라는 작가는 신성한 감사 성사가 주는 유익함을 어떻게 느끼고 있나 알아보기로 합시다 :

"당신의 몸과 당신의 피에서 나오는 열매는 그 얼마나 놀라운지요! 제단에서 제사가 진행되는 동안 우리가 먹는 당신의 몸은 지극히 거룩하고 순결하기에 우리 마음속에 있는 육욕의 불을 죽이고 욕망의 불길을 끄고, 우리의 소망을 조정하고, 유혹을 물리치고, 육체를 영혼에 종속시키게 할 힘이 충분히 있습니다. 주님의 말씀 한마디가 더러운 영들의 군단 전체를 우리 몸에서 쫓아내실 수 있습니다. 천국의 권력과 힘을 가진 주님 자신이 우리 안에 계실 때 무슨 일인들 가능하지 않겠습니까? 그리스도의 옷자락만 만져도 불치의 병이 고쳐집니다. 어떤 오염도 그 어떤 더러움도 그리스도의 깨끗하고 순결한 몸을 우리가 만질 때 사라지지 않을 수 없습니다. 주님의 몸은 우리의 죄 사함을 위해 십자가에 못박혀 희생당하신 몸입니다. 그러므로 우리 안에 있는 죄의 왕국을 부수고, 우리가 강렬한 유혹에 대항해서 싸우는 데 힘을 주시고, 타락하기 쉬운 우리의 인간적인 속성을 누르고, 우리가 승리할 수 있도록 하실 힘이 있는 것입니다. 주님의 몸은 하느님의 몸입니다. 그래서 우리 마음에서 세속적인 감정을 모두 뿌리 뽑고 이를 신성한 감정으로 대치할 수 있는 힘을 주시며, 사도 바울로께서 말씀하신 대로 세속적이고 동물적인 사람은 결코 맛보지 못할 하느님 나라의 맛을 우리의 감정에 부여하는 것입니다. 사도 바울로의 표현에 따르면, 예수 그리스도는 타는 불 같은 존재로서 신성한 감사 성사 안에 계십니다. 그래서 단단한 쇠를 녹이시고, 쇠의 녹을 없애시고 광택을 내십니다. 우리의 굳어진 영혼을 변화시키시어 자신의 것과 비슷한 예의바른 모습으로 바꾸어 놓으시며, 자신의 살을 먹는 사람들을 자신의 형상에 따라 변형시키십니다. 또한 그들에게 자신의 생각과 성향을 전해주시고, 그의 아버지의 가슴에서 끌어낸 생명을 그들에게 주십니다."

비록 우리가 성체 성혈 성사로부터 얻는 달콤한 열매에 대한 아름다운 노래들을 더 많이 인용한다 해도, 우리 스스로가 자주 이 열매를 맛보지 않으면 이 열매가 주는 풍부한 부와 단맛을 알 수 없는 것입니다. 이런 이유로 그리스도교인은 그 누구도 성체 성혈 성사는 대단히 유익하다는 사실을 잊어서는 안 되며, 이 성사가 우리에게 부여하는 의무 또한 잊어서도 안 됩니다. 우리가 성체 성혈 성사를 통하여야만 그리스도 자신과 그분의 희생과 결합되기 때문에 우리의 일생은 그분에게 드리는 봉헌물이 되어야 합니다. 우리는 그분에게 속하는 것입니다. 어떻게 이 사실을 잊을 수 있겠습니까?

이 위대한 진리를 성 대 바실리오스는 매우 유명한 표현을 사용하여 다음과 같이 강조하고 있습니다 : "주님의 빵을 먹고 주님의 잔을 마시는 사람들이 해야 할 일이 무엇이겠습니까? 우리를 위해 돌아가셨고 부활하신 분에 대한 기억을 항상 간직하는 것이며, 돌아가실 때까지 복종하신 것을 우리가 잊어버리지 않는 것입니다. 이 기억을 간직하는 사람들이 해야 하는 일은 무엇이겠습니까? 자기 자신을 위해 사는 것이 아니라 우리를 위해 돌아가셨고 다시 부활하신 분을 위해 사는 것입니다."

주님의 이 크나큰 은덕을 늘 생각합시다. 그리고 주님의 선물을 받은 뒤에는 새로운 삶을 살겠다는 확고한 결심을 하고, 우리 영혼이 항상 조심성 있고 깨어 있도록 노력합시다.

6. 불가사의한 보고

 신성한 감사 성사가 갖는 그 많은 좋은 점 중에서 그 어느 것을 먼저 경탄해야 좋을지 아무도 모를 것입니다. 신성한 감사 성사는 함축성 있고 강력한 설교이며, 지극히 풍부한 가르침을 내포하고 있습니다. 이를 전문적으로 연구한 신학자들이 얘기하듯이 신성한 감사 예배는 윤리와 얽힌 교리를 갖고 있으며, 하느님과 인간에 대한 매우 중요한 진리로 가득 차 있습니다. 이는 우리가 그리스도 안에서 어떻게 구원을 받는가를 눈으로 볼 수 있게 가르치는 살아있는 신학입니다. 이 성사 속에 구세주 그리스도께서는 우리를 위해 행하신 모든 것과 그의 풍부한 사랑과 지혜를 포함하셨던 것입니다. 이는 모든 다른 성사를 포함하는 성사입니다. 이는 특히 그리스도의 높은 덕에 대한 특별한 가르침이며, 주님께서 끔찍한 고난을 당하시고 십자가에 못박혀 돌아가신 것을 기억하고 있는 그리스도교인이라면 그가 연구하고 본받아야 할 주님의 크나큰 미덕을 이 성사에서 볼 것입니다. 이제 이 위대한 가르침을 직접 피부로 느껴보기 위해 《인간의 목적지》를 쓴 에브쎄비오스 마토풀로스 신부의 말을 들어보기로 합시다 :

"그리스도께서 우리를 구원하시기 위해 고난 받으신 것을 기념하는 예배가 진행되는 동안 우리는 먼저 그리스도의 기도의 미덕에 놀라움을 금치 못합니다. 겟세마네 동산에서 구세주 그리스도께서는 하늘에 계신 그의 아버지에게 길고도 뜨거운 기도를 드림으로써 앞으로 다가올 사태에 대해 준비를 하셨습니다.

복종의 미덕 또한 놀랍습니다. 주님께서는 십자가에 매달리시고, 수치스럽고 고통스런 죽음을 당하시면서까지 복종하셨습니다.

그리스도의 고난에서 우리는 또한 그분이 당한, 말할 수 없이 심한 굴욕을 봅니다. 참 하느님이셨고 전능하신 분이었건만 침뱉음을 당하셨고, 조롱 당하셨고, 갖은 모욕을 다 당하시고 나중에는 두 강도 사이에서 십자가에 못 박히는 굴욕을 감수하셨던 것입니다.

예배가 진행되는 동안 우리가 기념하는 그리스도의 또 하나의 미덕은 무한한 온유함입니다. 자신을 박해하는 사람들에 대해 화를 내기는커녕 오히려 도살장에 끌려가는 양처럼 순하고 온유하셨습니다.

그리스도께서 끔찍하고 고통스런 고난을 당하시면서도 온유함과 더불어 완전한 모범을 우리에게 보이신 것은 인내입니다. 아무 불평도 않으시고 묵묵히 모든 것을 인내로써 견뎌내셨던 것입니다.

주님의 희생을 재현하는 신성한 감사 성사에서 우리가 생각할 수 있는 주님의 또 하나의 미덕은 관용입니다. 최고로 잔인무도한 범죄자나 되듯이 십자가에 못 박히셨지만 주님께서는 그들을 불쌍히 여기시고, 그들이 하는 나쁜 짓에 대해 가슴 아파하시며 그들을 위해 기도하셨습니다. 성찬 예배 속에서 우리는 지금도 주님이 하셨던 저 거룩한 말씀 "아버지 저 사람들을 용서하여 주십시오! 그들은 자기가 하는 일을 모르고 있습니다"를 듣는 듯합니다.

마지막으로 성찬 예배는 그리스도의 무한한 사랑을 반영합니다. 우리는 주님의 적이건만 주님께서는 우리를 위해 돌아가셨고 계속해서 희생당하고 계시기 때문입니다.

이렇게 신성한 감사 성사는 인간이 되신 하느님의 미덕을 반영하는 큰 거울입니다. 이는 또한 그분이 갖고 있는 덕의 이루 말할 수 없는 아름다움을 풀어 보여주는 프리즘입니다. 진정한 태도로 예배에 참석한 교인이라면 그 누가 피흘림 없는 제사 앞에서 감동하지 않으며 비장한 결심을 하게 되지 않겠습니까? 우리가 드리는 예식은 기적이기도 하고 감동적이기도 한 것이기에 가르침을 줌과 동시에 감동을 불러일으킵니다. 우리 눈을 밝히고 또 마음을 덥힙니다. 우리 두뇌를 구원의 가르침으로 살찌게 하며, 우리 마음을 거룩한 감정에 가득 차게 하며, 또 우리 의지를 자극해서 비장한 결심을 하게 만듭니다. 융통성 없이 딱딱한 방법으로 가르치는 것이 아니라 우리에게 영감을 주고, 새롭고 거룩한 생활을 시작할 수 있도록 우리 영혼에 창조력을 불어넣어 줍니다.

이 마지막 부분에 대해 19세기의 유명한 러시아 작가 니콜라스 고골은 이렇게 쓰고 있습니다 : "성찬 예배가 우리 영혼에 끼치는 영향력은 대단한 것입니다. 이 영향력은 만인이 보는 앞에서, 만물 앞에서, 그러면서도 신비롭게 작용합니다. 교인이 열심으로 또 경건한 마음으로 성찬 예배의 모든 의식을 따라가며, 보제의 명령에 복종할 때에는, 그의 영혼은 고상해지며, 그는 그리스도의 명령을 쉽게 수행할 수 있게 되며, 주님의 멍에는 그에게는 달게 느껴지며, 그의 짐은 가벼워집니다. 사랑의 성찬을 갖는 성전에서 나오면 모든 사람들이 형제처럼 느껴집니다. 직장에서나 집에서나 어디에서나 그는 모든 사람들에 대해서, 인간이 되신 하느님이신 그리스도가 하늘나라에서 가져온 사랑에 넘치는 이상적인 관계를 유지할 것입니다. 자기보다 못한 사람들에게 더 많은 사랑과 애정을 품게 될 것입니다. 또한 자기의 상관들에게는 구세주 그리스도에게 복종하듯이 기쁜 마음으로 더 많은 애정으로 복종할 것입니다. 누가 도움을 청해오면 그는 그 어느 때보다도 더 기꺼이 봉사를 하고자 할 것이며, 그 어느 때보다도 더 민감해질 것이며, 가난한 자들을 사랑으로 도와줄 것입니다. 만일 그가 가난하여 남의 도움을 받게 되면 그 도움이 아무리 적은 것이라 해도 그의 영혼은 감동에 떨릴 것이고, 그 어느 때보다도 더 감사하는 마음으로 자선을 베푼 사람을 위해 기도할 것입니다. 열심히 성찬 예배를 따라간 사람들은 모두 더 겸손하고 더 온유하고 더 예의 바르고 더 안정된 마음으로 교회를 떠나는 것입니다.

그러므로 좀 더 나은 사람이 되고 발전하고자 하는 사람은 가능한 한 더 자주 성찬 예배에 참석하고 그 예배의 말씀을 주의 깊게 들어야 할 것입니다. 왜냐하면 성찬 예배는 알지 못하는 사이에 우리 인간의 구조를 뜯어고쳐 새롭게 만들기 때문입니다. 우리의 사회가 아직 완전히 부패하지 않았고, 사람들이 서로를 철천지 원수처럼 생각하지 않고 있다면, 그 이유는 바로 성찬 예배가 이 세상에 존재하고 있어서 우리에게 끊임없이 우리의 형제를 사랑할 것을 상기시켜 주고 있기 때문입니다. 진정으로 사랑하고자 하는 사람은 거룩한 사랑의 성찬에 계속 참여해야 합니다."

그러니 단순한 마음으로 성사에 참례하여 그 성사의 불가사의한 보고로부터 빛을 받고 영양분을 취합시다. 그리하면 맑은 영혼으로 주님을 바라볼 수 있고 주님의 미덕을 본받을 수 있을 것입니다.

제4장

얼마나 자주 우리는
성체 성혈을 모셔야 하나?

1. "전념하는 사람들"

 이제 우리는 과연 꼭 해야 하는 것만큼 자주 이 매우 귀중한 보물을 이용하고 있는지, 규칙적으로 생명의 잔에 가까이 가고 있는지, 우리 영혼에 꼭 필요한 이 음식을 자주 먹고 있는지를 스스로에게 물어보아야 할 때가 온 것 같습니다. 처음부터 우리의 교회는 교인들이 성체 성혈을 자주 모셔야 한다고 가르쳤습니다. 주님 자신께서도 성체 성혈 성사가 주는 유익함에 대해 말씀하시면서 이렇게 얘기하셨습니다 : "내 살을 먹고 내 피를 마시는 사람은 영원한 생명을 누릴 것이며……"(요한에 의한 복음 6장 54절), "내 살을 먹고 내 피를 마시는 사람은 내 안에서 살고 나도 그 안에서 산다."(요한에 의한 복음 6장 56절) 구세주 그리스도의 이 말씀으로부터 주님께서 우리에게 자주 성체 성혈을 받을 것을 권유하고 계심을 우리는 알 수 있습니다. 그렇지 않았더라면 주님께서는 "내 살을 먹고 내 피를 마시는 사람은"이라고 말씀하시지 않고 "내 살을 먹었고 내 피를 마셨던 사람은"이라고 말씀하셨을 것이기 때문입니다. 사도들은 또한 이 구절을 해석하면서 주님께서는 모든 신자들이 성체 성혈에 참석하기를 바라고 계신다고 말합니다. 복음자 사도 루가가 사도행전에서 확인하고 있듯이 초대 그리스도교인들은 "……빵을 나누어 먹고 …… 에 전념하였던" 것입니다.(사도행전 2장 42절) 다시 말해서 그들은 신성한 감사 성사를 행하는 데 열성과 인내로 전념했던 것입니다. 그래서 신성한 감사 성사가 행해질 때마다 참석자는 모두 성체 성혈을 모셨으며, 아파서 참석하지 못한 사람을 위해서는 특별 조치가 취해졌던 것입니다. 병자들을 위해서는 보제가 가정으로 직접 방문해서 그들로 하여금 성체 성혈을 모시도록 하였다고 성 유스티노스는 증거하고 있습니다. 여행을 떠나는 사람들마저도 성체를 가지고 가서 여행 도중에 성체를 모셨다고 합니다.

초기 교회는 이렇게 성체 성혈을 계속해서 모시는 습관을 지켰을 뿐만 아니라 이를 법으로 정했습니다. 제6차 세계 공의회에서 인준된 제8, 제9 사도법에는 이 의무가 지켜져야 한다고 쓰여 있습니다. 또한 안티오키아의 공의회에서 제정되고 제6차 세계 공의회에서 인준된 교회법 제2조에는 교인들에게 성체 성혈을 자주 받을 것을 권유하고 있습니다.

우리 교회의 위대한 교부들도 교인들이 계속해서 생명의 잔을 마셔야 한다고 권유하고 있습니다. 예를 들어 성 대 바실리오스는 그의 제 93번째 편지에서 이렇게 쓰고 있습니다 : "날마다 그리스도의 몸을 먹고 피를 마시는 것은 유익하고 좋은 일입니다. 주님께서도 말씀하시기를 "내 살을 먹고 내 피를 마시는 사람은 영원한 생명을 얻으리라"라고 하셨습니다. 그러니 그 누가 주님의 잔을 계속 마시는 것이 다름 아닌 오래 사는 것이라는 사실을 의심할 수 있겠습니까?" 성 대 바실리오스는 계속해서 강조하기를 자기 지방의 교인들은 일요일, 수요일, 금요일, 토요일, 이렇게 일주일에 네 번 성체 성혈을 모셨고 그 외에도 성찬 예배가 행해지는 성인의 기념일에도 또한 성체 성혈을 모셨다고 합니다. 그리고 덧붙여서 말하기를 이집트의 교인들은 수도자이든 평신도이든 구별 없이 모두 빵과 포도주를 간직했다가 원할 때마다 먹고 마셨다고 합니다. 같은 시기에 성 요한 카시아노스는 고행소를 돌아본 후에 쓴 감상문 속에서 다음과 같이 말합니다 : 내가 기억하는 한 사제들은 교인들이 성체 성혈을 모시는 것을 금한 적이 없었으며 오히려 가능하다면 교인들이 매일 성체 성혈을 받을 수도 있다고 얘기했습니다.

성 요한 크리소스톰은 성찬 예배식에 참석하고도 성체 성혈을 모시지 않는 사람들에 대해 엄하게 꾸짖고 있습니다.(에페소인들에게 보낸 편지의 3번째 말씀) : "만일 어떤 사람이 식사에 초청을 받아 손을 씻고 자리에 앉아 식사를 할 준비가 되어 있으면서도 음식을 들지 않으면 이는 초청한 사람을 모욕하는 행위가 아니겠습니까?" 서방의 성 제로니모, 성 아우구스티노, 성 암브로시오도 성체 성혈은 단순히 자주 모셔야 하는 것이 아니라 매일 모셔져야 한다고 강조하고 있습니다.

성찬 예배서에도 예배의 목적은 참석한 모든 교인들이 성체 성혈 성사에 참여하는 것이라는 것이 여러 번 반복해서 나타나 있습니다. 예를 들어 복음경을 읽은 후 교인들을 위한 기도에서 사제는 이렇게 기원합니다 : "그들로(교인들로) 하여금 항상 두려움과 사랑을 갖고 주를 섬기며, 합당한 준비 없이 거룩한 당신의 성찬을 받음으로써 단죄 받는 일이 없게 하시고 ……." 성령으로 빵과 포도주가 그리스도의 몸과 피로 변하는 신비의 의식이 끝난 후에 드리는 기도에서 집전자는 또 이렇게 말합니다 : "이것을 받아 모시는 자들에게 영혼의 맑음과 죄 사함을 주시고 ……."

또한 성체 성혈을 영하기 전에 드리는 기도문에서 사제는 이렇게 다시 강조합니다 : "주의 흠 없는 성체와 고귀한 성혈을 주의 손으로 우리에게 나누어 주시며, 우리를 통하여 주의 모든 백성에게 나누어 주시옵기를 비나이다." 그 후 사제는 교인들에게 성체 성혈을 다음과 같은 자세로 받을 것을 큰 소리로 권유합니다 : "하느님에 대한 경건한 마음과 믿음과 사랑으로 가까이 올지어다."

성체 성혈을 영한 후에도 또한 사제나 보제는 이렇게 우리에게 지시합니다 : "그리스도의 성스럽고 거룩하며 정결하고 영원하고 생명을 주는 놀라운 성찬에 참여하였으니, 일어서서 주님께 감사드림이 마땅하나이다." 헤루빔 성가도 우리를 성찬식을 위해 준비시킵니다 : "우리가 헤루빔을 신비로이 모본하여 생명을 주시는 삼위에게 삼성송을 찬송하며, 세상의 온갖 걱정을 이제 물리칠지어다. …… 천사단에 에워싸여 보이지 않는 호위를 받으시는 만유의 왕을 영접하기 위함이니라."

주목할 만한 사실은 정교회가 여러 어려움을 겪고 난 후에도 성체 성혈을 모시는 거룩한 성사를 여전히 지켜오고 있다는 것입니다. 니콜라오스 카바실라스, 증거자 욥, 가브리엘 대주교, 테오도로스 스튜디티스, 그레고리오스 팔

라마스, 데살로니카의 시메온 대주교와 같은 분들은 성찬식에 자주 참여하는 것이 얼마나 우리에게 필요하고 이로운 일인가를 반복해서 강조하고 있습니다. 콘스탄티노플이 멸망한 시기인 15세기에 살았던 데살로니카의 시메온 대주교는 어떻게 말하는지 들어보기로 합시다 :

"대사제와 사제들은 주의 깊고 참회하며 회개하는 마음으로 놀라운 성찬에 참여해야 하며 그 외의 평신도들도 이와 마찬가지로 회개하고 자책하는 마음과 경건한 마음으로 계속해서 성찬식에 참가해야 합니다. 주님을 두려워하고 사랑하는 이는 그리스도의 성찬식에 참여하지 않은 채 40일을 넘겨서는 안 되며, 자주 성찬식에 참여하도록 노력하며, 가능하다면 매 일요일마다 참석하는 것이 좋습니다. 또한 노인들과 병자들도 가능하다면 성체 성혈을 받는 것이 좋은데, 그 이유는 이것이 우리에게 생명과 힘이 되기 때문입니다."

우리가 다루고 있는 주제를 뒷받침해주는 또 하나의 좋은 증거는 수도원에 보관되어 있는 의식서입니다. S. Sanlville이 행한 연구에 의하면 초기 그리스도교 시절뿐만 아니라 10세기 이후에도 수도원에서는 잦은 성체 성혈 성사의 전통이 지켜졌다고 합니다. 예를 들어 9세기에 수도 생활의 개혁자로 유명한 성 테오도로스 스튜디티스는 규칙적으로 성체 성혈을 모시기 위해 매일 집전하였으며, 이 습관은 그가 감옥에 갇혔을 때에도 계속되었다고 합니다. 그는 또한 수도사들에게 자주 성체 성혈을 받을 것을, 가능하다면 매일 받을 것을 권유하고 있습니다.

    그 후에도 이 전통은 계속되고 있습니다. 비잔틴 시기의 큰 수도원에서는 신성한 신비의 예식이 매일 또는 적어도 일주일에 네 번은 행해졌으며, 수도사들은 같은 횟수만큼 성찬식에 참여하였던 것입니다. 수도원의 의식서를 보면 매일 성체 성혈을 모시는 것이 워낙 좋지만 우리가 갖고 있는 "인간적인 약점 때문에" 일주일에 한 번씩 모시는 것이 바람직하다고 쓰여 있습니다.

2. 계속되는 부활절

 우리 교회가 처음부터 가르치고 실천한 것은 교인들이 정결한 주님의 몸을 자주 먹어야 한다는 것이었습니다. 이유서 깊고 거룩한 관습은 근대에 와서도 끊어지지 않았습니다. 근대 희랍이 낳은 3명의 권위 있는 정교회 성인들은 이 관습이 계속되어야 할 것을 다시 한 번 강조하였습니다. 18세기 말엽 고린도의 대주교였던 성 마카리오스 노타라스는 《잦은 성체 성혈 성사에 관하여》라는 책에서 초기 그리스도교인들의 아름다운 습관을 회고하면서, 성경과 사도들과 교부들의 증거를 바탕으로 정교회 교인들은 지장이 없는 한 자주 성체 성혈을 받는 것이 영혼을 구제하는 길이라고 쓰고 있습니다. 동 저자가 얼마나 열성적으로 이 문제를 다루고 있는지 직접 보기로 합시다 : "여러분이 그리스도에 대한 사랑의 불을 마음속에 피우고, 그분에 대한 사랑을 얻고, 나아가서는 그분으로부터 다른 미덕도 얻고자 한다면 성찬식에 자주 참여하여야 합니다. 여러분이 계속해서 그리스도의 거룩한 몸을 먹고 피를 마실 때 여러분이 주님을 사랑하지 않을 수 없고 또한 주님의 사랑을 받지 않을 수 없기 때문입니다."

이 《잦은 성체 성혈에 관하여》라는 책은 후에 아토스 성산의 수도사 성 니코디모에 의해 좀 더 쉽게 풀이되었습니다. 그러나 두 사람의 성인에 의해 쓰여지고 계속해서 교부들의 견해가 그 속에 첨가되어졌음에도 불구하고 이 책은 몇 가지 편견 때문에 약간의 물의를 빚어냈다가 결국에는 나라를 위해 순교한 콘스탄티노플의 총대주교 그레고리 5세에 의해 정당하다는 판결을 받았습니다. 총대주교는 그가 순교하기 2년 전인 1819년에 이렇게 쓰고 있습니다 : "교인들은 신비의 예식이 거행될 때마다 참여하여 생명을 주는 그리스도의 몸을 먹어야 할 의무가 있습니다. 이런 이유로 사제는 "하느님에 대한 경건한 마음과 믿음과 사랑으로 ……"라고 말하면서 교인들을 성찬식에 초대하는 것입니다." 계속해서 총대주교는 교만한 마음에서 40일에 한 번씩만 교인들에게 성체 성혈 성사를 허락하는 사제들을 비난합니다. 이와 비슷한 말을 메가 스필레온의 사제 프로코피오스(1730-1800)도 이미 하였습니다.

현대 그리스 그리스도교 운동의 선구자인 디알리스마스

와 에브세미오스 마토풀로스 두 사람도 이 문제를 다루었습니다. 마토풀로스는 전문적인 논문을 썼고 디알리스마스는 이 거룩한 관습이 다시 불을 붙게 하는 데 일생을 바쳤습니다. 마토풀로스는 《인간의 목적지》라는 그의 저서에서 이렇게 쓰고 있습니다 : "인간이 살고 번성하고 보존되기 위해서는 태어나는 것만으로 충분치 않고 계속해서 음식물을 섭취해야 합니다. 이와 마찬가지로 그리스도교인이 살아가고 발전하여 정신적으로 완전하게 되기 위해서는 세례를 통해 다시 태어나는 것만으로 충분하지 않으며 주님의 몸과 피를 끊임없이 섭취하여 영적으로 영양분을 공급받아야 하는 것입니다."

우리가 특히 주목해야 될 사실은, 그리스에서뿐만 아니라 기타 다른 정교회 국가들에서도 빈번한 성찬식이 잊혀지지 않고 있었다는 것입니다. 특히 러시아에서는 지난 19세기에 많은 사제와 수도사들이 매주, 어떤 경우에는 매일 성체 성혈을 모셨다고 합니다. 그밖에도 몇몇의 대사제와 설교자들은 잦은 성체 성혈의 필요성을 강조했습니다. 18세기에 배로네즈의 성 티혼 대주교는 사제들에게 이렇게 권유했습니다 : "여러분들이 '하느님에 대한 경건한 마음과 ……' 라고 얘기할 때에는 그리스도께서 부활하신 후

사도들과 형제들에게 어떻게 나타나셨던가를 생각하십시오. 또한 여러분들이 이 말을 함으로써 교인들에게 주님의 거룩한 몸과 피를 먹고 마실 것을 부탁하고 있음을 기억하시기 바랍니다. 그리고 아무도 다가오는 사람이 없을 때에는 여러분들은 정신적으로 괴로워해야 할 것입니다. 왜냐하면 그리스도께서는 모든 사람을 부르시어 자신의 거룩한 몸과 피를 음식으로 제공하시는데도 아무도 이 은혜를 베푸시는 분의 성찬에 오지 않기 때문입니다." 티혼 대주교는 계속해서 초기 그리스도교인들은 자주 성체 성혈을 모시는 전통을 가졌음을 우리에게 상기시키고 있습니다.

러시아의 또 한 분의 위대한 성인이며, 사로브의 은둔자인 성 세라핌은 자주 성체 성혈을 모셨으며, 수도생활 중에 있는 한 여자에게 큰 슬픔에 빠졌을 때는 일정기간동안 매일 성체 성혈을 모시라고 충고했습니다. 또한 키에브 필라레토스 주교도 그의 최후 3년간을 매일 성체 성혈을 모셨습니다.

러시아 교회의 중요한 인물로서 알라스카에서 선교사를 지냈고, 후에는 모스크바의 주교가 된 이노켄티오스는 선교 여행을 다니는 동안 새로 세례를 받은 그리스도교인들이 주님의 몸과 피로부터 멀리 떨어져 있는 것을 보고 가슴 아파했습니다. 그는 성찬 예배가 어느 곳에서나 행해져야 하며, 필요한 경우에는 텐트 속에서 혹은 야외에서도 행해져야 한다고 강조하면서, 이곳저곳 돌아다니면서 선교하는 사제들에게는 이동식 성 제단 사용을 허락해줄 것을 공의회에 여러 번 요청하였습니다. 두 번째 선교 여행을 마친 후에 그는 자신이 머물렀던 곳의 원주민인 퉁구스인들이 성체 성혈을 모신 덕분에 믿음이 훨씬 강해졌다고 말했습니다. 그는 또한 초기 그리스도교인들의 모범적인 행동을 예로 들면서 무슨 일이 있더라도 우리는 성체 성혈을 자주 모셔야 한다고 말했습니다.

  마지막으로 50년 전에 돌아가신 크론스탄트의 유명한 요한 사제에 대해 몇 마디 함으로써 끝을 맺고자 합니다. 그의 저서 《그리스도 안에서의 생활》을 보면 그가 몹시도 이 무한한 가치가 있는 보물인 성찬식에 헌신하고 있었던 것을 알 수 있습니다. 신품 성사를 받은 날부터 그는 그리스도를 사랑하는 마음에 불타서 하루도 빠짐없이 성찬 예배를 집전했고 신도들에게 거룩하고 영원한 생명을 주는 성사에 좀 더 자주 참여할 것을 호소했습니다. 모든 다른 성인들의 경우와 마찬가지로 성체 성혈을 받는 것이 그의 생명의 비결이었던 것입니다.

참으로 모든 정교회의 성인들은 성찬식을 자주 가짐으로써 영양분을 섭취했던 것입니다. 그들은 모두 한결같이 성 요한 크리소스톰의 말을 반복하였습니다 : "성찬식을 가질 때마다 우리는 부활절을 지내는 것입니다. 그러니 일주일에 세 번 또는 네 번 부활절을 지냅시다." 신학자 그레고리오스는 말하기를 주님의 몸을 자주 받아 먹으면 허약한 자들은 튼튼해지고 건강한 이들은 더욱 건강해질 것이라고 했습니다. 그는 또 말하기를 주님의 몸은 강력한 무기로서 그것을 받아 먹는 자는 슬픔에 잘 견디게 되고, 사랑을 뜨겁게 하게 되고, 해박한 지식을 갖게 되고, 기꺼이 남에게 복종하게 되며, 일을 할 때에는 남보다 날카롭고 신속하게 행동하게 된다고 했습니다.

이런 이유로 초기 교회는 성찬 예배가 매일 거행되지 않는 사순대재 기간 동안에는 이를 대신하여 미리 축성된 성찬 예배가 거행되도록 하여 교인들이 성체 성혈을 계속 받아 이로부터 힘을 얻어 세상의 모든 어려움과 사악함에 대항해서 용감하게 싸울 수 있게 하였습니다.(마테오스 블라스타리스) 이런 사실은 정신적으로 투쟁한 사람들의 역사를 봐도 알 수 있습니다. 순교자들이 투쟁에 뛰어들기 전에 성찬식을 가짐으로써 용기를 얻곤 하였다는 사실은 교회의 역사만이 증명하는 것이 아니라, 그리스의 역사를 보아도 국가가 위험에 처해 있던 순간에는 이 위대한 무기가 우리 민족의 영혼을 자극했다는 것을 알 수 있습니다. 성 소피아, 성 라브라, 메소롱기, 꿍기에서 모두 성찬 예배를 가진 후 역사적인 싸움이 벌어졌던 것입니다.

정교회 교인들이여, 우리 모두 힘을 합쳐 이 거룩한 관습을 다시 살려내어 지키도록 합시다. 물론 갑작스럽게 될 수 있는 일은 아닙니다만 우리 모두가 조금씩 노력하여, 주님의 명령이 실행되고, 영광스러운 우리 교회의 오래되고 구원을 가져오는 이 전통을 살려내는 데 힘을 모읍시다. 이것이 빛을 받은 우리 교인들 모두의 임무로써, 우리 교회에는 성찬식에 대한 열망이 다시 살아나고, 성찬식이 우리 생명의 진정한 근원이 되어야 할 것입니다.

3. 성찬식에 참여하기를 거부하는 사람들에 대한 충고

어떤 교인들은 "성체 성혈을 받아야 할 필요성을 못 느낀다"고 말합니다. 그러나 어떻게 필수적인 "생명의 양식"을 먹지 않고 진정한 교인으로서의 삶이 가능하겠습니까? 우리 주 예수 그리스도께서도 언젠가는 그런 교인이 있을 것을 미리 아셨기에 이점을 한두 번 강조하신 정도가 아니라 누차 강조하셨던 것입니다.(요한에 의한 복음 6장) 형제 여러분께서는 이 사실을 잘 깨달으시기를 바랍니다. 우리가 '신앙의 신조'를 외우고 있다고 해서 교인이라 말할 수 없습니다. 또한 살인을 하지 않았거나 도둑질을 하지 않았다고 해서 교인이라 말할 수 있다고 생각하면 큰 잘못인 것입니다. 교인으로서의 삶이란 하느님이시고 또 인간이신 그리스도께서 가르치셨던 완전하고 거룩한 생활을 하는 것이며 교회가 우리에게 제공하는 그리스도의 몸과 피를 양식으로 삼아 살아가는 것입니다. 우리는 주님의 몸과 피없이는 살 수 없습니다. 우리 육체를 유지하기 위해 매일 음식을 먹어야 하는 것처럼 우리 정신을 유지하기 위해서는 규칙적으로 신성한 감사 성사에서 성체 성혈을 꼭 모셔야 하는 것입니다. 이것이 진리입니다.

어떤 사람들은 또 이렇게 말합니다 : "성찬식이란 두렵고 위대한 것이기에 거룩하고 천사 같은 생활을 요구합니다. 그러니 우리같이 약하고 죄 많은 인간들이 어떻게 자주 성체 성혈을 받을 수 있습니까?"

이렇게 성찬식을 갖는 것을 거부하는 사람들에게 성 마카리오스 노타라스는 다음과 같이 실질적이고 현명한 말로 대답하고 있습니다 : "성체 성혈 성사는 두렵고 위대한 것이기에 깨끗한 생활을 요구한다는 것은 그 누구도 의심할 수 없습니다. …… 그러나 주님의 거룩한 몸과 고귀한 피를 먹고 마시는 사람들은 그렇게 함으로써 바로 거룩함을 얻게 되는 것입니다."

이 문제에 대해 성 요한 크리소스톰도 매우 훌륭한 견해를 갖고 있습니다. "제가 강조하고 싶은 것은 죄인은 그 누구도 성체 성혈을 받을 수 없다는 것이 아니라, 죄인으로 남아있는 채로, 다시 말해서 회개하지 않은 채로 성체 성혈에 임해서는 안 된다는 것입니다. 우리 모두는 크고

작은 죄를 누구나 범하고 있으며 우리중의 그 누구도 순결한 마음을 갖고 있다고 자부할 수 없을 것입니다. 그러나 무서운 것은 우리가 깨끗한 마음을 갖고 있지 않는 것이 아니라 우리를 깨끗하게 해주시는 그리스도에게 우리가 다가가지 않는 것입니다."

성 마카리오스는 또 다음과 같이 보충해서 말하고 있습니다 : "우리가 잘 생각해보면 거룩한 주님의 몸과 피를 계속 먹고 마시지 않으면 완전성에 도달하는 일은 전혀 불가능하다는 것을 깨닫게 됩니다. 왜냐하면 우리가 성체 성혈을 받지 않으면 사랑이 존재하지 않을 것이며, 사랑이 없으면 주님의 명령에 대한 복종이 존재하지 않을 것이고 복종이 없으면 완전성이 존재하지 않을 것이기 때문입니다."

자주 성체 성혈을 모시기를 주저하는 사람들은 40일에 한 번 성체 성혈을 받습니다. "이렇게 40일에 한 번씩 성체 성혈을 받는 사람들은 죄인으로서 받는 것일까요, 아니면 완전한 사람으로 받는 것일까요? 만일 그들이 완전하기 때문에 40일 만에 성체 성혈을 받는다면, 그들의 결정에 따라 자신들의 완전성에 알맞게 더욱 자주 성체 성혈을 받아야 할 것입니다. 만약 그들이 불완전하기 때문에 40

일에 한 번씩 성체 성혈을 모신다면 완전하게 되기 위해 더욱 자주 성체 성혈을 받아야할 것입니다. 어린 애가 어른으로 자라기 위해서는 음식을 섭취해야 하듯이 우리 영혼이 완전성에 도달하기 위해서는 영적인 음식이 꼭 필요하기 때문입니다."

성 요한 크리소스톰은 말하기를 죄인으로 남아있는 사람은 40일 만에 한 번도 성체를 받을 수 없으며 회개를 먼저 하지 않으면 일 년에 한 번도 받아서는 안 된다고 합니다 : "자주 성체 성혈을 받는 것이 뻔뻔스럽거나 주제넘은 짓이 아니라 일 년에 한 번이라 할지라도 그것이 합당한 준비 없이 받는 것일 때는 뻔뻔스러운 행위가 되는 것입니다. 우리는 너무도 보잘것없고 지각없는 사람들이기에 일 년 내내 죄를 짓고도 그 죄에서 깨끗해지려고 열심히 노력하지도 않으며, 자주 성체 성혈을 받지 않음으로써 그리스도의 몸에 대해 신성모독만 범하지 않으면 우리가 깨끗해지는 데 충분하다고 생각합니다. 그리고 또한 그리스도를 십자가에 못박은 사람들이 단 한 번 그리스도를 못박았지만 한 번 했다고 해서 그들이 더 적은 죄를 범했다고 말할 수 없다는 사실을 우리는 염두에 두지 않고 있습니다. 유다의 경우를 보면, 유다가 그리스도를 배반한 것이 단 한 번이라고 그가 지옥에 떨어지지 않았던가요? 결코 그렇지 않았던 것입니다. 이렇게 한 번, 두 번의 숫자가 중요한 것은 아닙니다.

그런데 우리는 왜 기간을 정해놓고 얼마만큼의 기간에 몇 번의 성체 성혈을 받아야 한다는 식으로 얘기해야 하는지 알 수가 없습니다. 우리가 성체 성혈을 받기에 가장 적당한 시기는 우리의 양심이 깨끗한 때입니다. ……

그러면 우리는 누가 옳다고 얘기할 수 있겠습니까? 일 년에 한 번씩 성체 성혈을 받는 사람일까요, 자주 성체 성혈을 받는 사람일까요, 아니면 가끔 받는 사람일까요? 이 중의 그 어느 누가 옳다고 우리는 얘기할 수 없습니다. 일 년에 한 번 성체를 받는 사람도, 자주 받는 사람도, 가끔 받는 사람도 우리는 칭찬해줄 수 없습니다. 우리가 칭찬해줄 수 있는 사람은 오직 나무랄 데 없는 생활을 하며 깨끗한 양심과 깨끗한 마음으로 성체 성혈을 모신 사람들입니다. 이런 사람들만이 성체를 모실 수 있으며 그렇지 않은 사람은 일 년에 단 한 번이라도 성체를 모실 자격이 없습니다."

그러나 생명을 주는 주님의 잔에 다가가기를 조직적으로 거부하는 사람들은 성 마카리오스와 성 니코디모스가

《계속되는 성체 성혈에 대하여》라는 저서 제3장에서 쓰고 있는 다음과 같은 구절에 귀를 기울여야 할 것입니다. "성체 성혈 받는 것을 게을리 하는 교인에게는 악마가 쉽게 그의 마음속을 파고듭니다. 왜냐하면 성체 받기를 미루는 사람은 이에 필요한 사전 준비를 잘하지 않게 되며, 조심성을 잃게 되어 사악한 생각에 대한 방비를 단단히 하지 않게 되기 때문입니다. 이렇게 미루고 하다 보면 나태에 빠지게 되고, 경건한 마음과 신성한 사랑이 식게 되며, 시간이 흐름에 따라 안일과 무관심으로 인생을 살게 되며, 자기 두려움을 갖지 않게 되며, 자기 감정을 억제하지 않게 되고 행동에 주의하지 않게 될 뿐만 아니라 음식과 말에 절제를 잃고 아무 이론에나 귀를 기울이는 마치 고삐 없는 말처럼 되어 깊은 구렁텅이에 쉽게 빠지게 됩니다. 성체 성혈 받는 것을 게을리 하는 사람들에게는 반드시 위의 모든 현상이 따라온다는 사실은 우리 자신들이 실제로 매일 살아가면서 겪고 느끼는 것이기에 진리입니다.

합당하게 보이는 사람들이 되도록이면 성체 성혈 받는 것을 미루고 있는 것을 볼 때 도대체 그들이 어떻게 성체 성혈이 주는 거룩함과 은혜를 누리는지 저는 알 수가 없습니다. 또한 온갖 병을 쫓는 정결한 주님의 몸을 먹지 않을 때 어떻게 욕망의 불꽃을 시들게 할 수 있으며 고개를 들고 일어서는 육체적 욕구를 누를 수 있으며 욕망을 죽일 수 있겠습니까?

성 요한 크리소스톰이 말했듯이 진정한 순화이시고 진정한 아름다움이시고 진정한 빛이시고 영혼의 고상함이신 우리 주님의 몸과 피를 먹고 마시지 않을 때 어떻게 머리를 깨끗이 할 수 있고 정신을 빛나게 하며 영혼을 아름답게 장식할 수 있겠습니까?

또한 신학자 그레고리오스가 말했듯이 그리스도의 고귀한 피로 봉인되고 날인되지 않은 사람들이 어떻게 인간을 괴롭히는 죄에서 벗어날 날수 있겠습니까? 사도 바울로께서 말씀하셨듯이 모든 좋은 것의 근원이시고, 우리의 기쁨과 평화이시며, 성령과 일체이시고 아버지의 사랑하는 아들이신 그리스도의 몸과 피를 먹고 마시지 않을 때 어떻게 신성한 사랑을 마음속에 불러일으키고 영적인 기쁨과 평화와 성령이 주는 각종 열매와 선물을 맛볼 수 있겠습니까?

제가 놀라움을 금치 못하며 의심을 품고 있는 문제가 하나 있는데 그것은 오늘날의 교인들이 모든 축제와 축일의 원인이며 계기인 성체 성혈 성사에 계속 참여하지 않고도 어떻게 일요일과 다른 기타 축일을 즐길 수 있으며 영적으로 진정 즐거워할 수 있느냐 하는 것입니다.

그러나 이렇게 계속해서 성체 성혈 받기를 미루는 사람들은 불행한 일이지만 하늘나라의 신성한 보물을 누리지 못할 뿐만 아니라, 앞에서 애기했듯이 주님의 명령과 결정을 지키지 않는 사람들이며, 사도법과 공의회법과 우리가 위에서 언급한 성인들의 말씀에 위배되는 사람들인 것입니다. 그래서 우리가 앞에서 자세히 애기했듯이 그들은 사도들과 안티오키아의 공의회가 행했던 것 같은 파문을 당한다 해도 그들 책임인 것입니다."

성찬식에 참여하기를 게을리 하는 사람들은 그들 마음 속에 마귀를 위한 자리를 마련함으로써 마귀가 조종하는 대로 갖가지 죄악과 유혹에 빠지게 됩니다. 이런 사실을 알렉산드리아의 성인 키릴로스는 다음과 같이 표현하고 있습니다. "교회와 성찬식으로부터 자신을 멀리하는 사람들은 하느님의 적이 되고 마귀의 친구가 됩니다."

성체 성혈에 대해 애기하는 아름다운 구절 중에서 특히 다음 두 구절에 귀를 기울여보기로 합시다.

"단 하루라도 음식을 먹지 못하게 되면 우리는 슬퍼하고 어쩔 줄 몰라 하며 무슨 큰 잘못된 일이라도 일어난 것처럼 생각합니다. 그러나 우리 영혼을 살찌게 하는 주님의 몸과 피를 하루, 이틀 심지어는 몇 달씩 먹고 마시지 않고서도 우리는 이것을 전혀 잘못된 일이라고 생각지 않습니다. 이렇게 육체적인 음식과 영적인 음식에 큰 차별을 두고서 육체적 음식은 반가워하며 보기만 하면 집어 먹으려 하면서 영적인 음식은 전혀 원하지 않는 것은 오늘날 우리 교인들이 안고 있는 큰 문제점인 것 같습니다."

"많은 교인들이 예루살렘에 가서 주님의 무덤과 기타 다른 성지에 경배를 드리기 위해서 돈을 많이 허비하고 고생을 하면서 수많은 위험을 무릅쓰고 육지와 바다로 여행을 합니다. 그리고 나서는 성지 순례를 다녀왔다고 다른 사람들에게 자랑을 합니다. 또 어떤 먼 곳에 한 성인의 유해가 있다는 소리를 들으면 많은 사람들은 축성을 받기 위해 먼 길도 마다하지 않고 기꺼운 마음으로 달려가 경배를 드립니다. 그러나 예루살렘에 있는 주님의 무덤이나 성지나 성인들의 유해 정도가 아닌 그 모든 것보다 더 귀중한 만인의 왕이시며 성인중의 성인이신 그리스도를 직접 모시는 즐거움을 누릴 수 있는 성체 성혈을 받으려는 소망을 가진 사람들은 매우 적으며, 어떤 경우에는 사람들은 이에 대해 아예 신경을 쓰려하지도 않습니다. 성지 순례를 하기 위해서는 많은 돈을 써야 하고 먼 길을 걸어가야 하며 여러 가지 위험을 참고 견디어야 합니다. 그러나 성체 성혈을 받기 위해서는 돈도 쓸 필요도 없고 먼 길을 걸어야 할 필요도 없고 위험을 참고 견뎌야 할 필요도 없습니다. 단지 진정으로 참회하는 마음으로 고백성사를 한번 드리고 나서 곧 그리스도와 한 몸이 되고 한 피를 나눌 수 있게 되는 것입니다. 그런데 이렇게 쉬운 일임에도 불구하고 많은 사람들이 성체 성혈 성사 받기를 게을리 하면서 한 번도 시도해보지도 않은 채 포기해버리고 맙니다."

마지막으로 어떤 사람들은 죽기 바로 전에 한번 받겠다고 말하면서 성체 성혈 성사를 계속 미루고 있습니다. 그러나 자신이 언제 죽을지 알고 있는 사람이 누가 있습니까? 우리가 늙은 후에 자연스럽게 평화롭게 죽으라는 보장도 없으며, 마지막 순간이 다가올 때 우리가 죽음이 오는 것을 느낀다는 보장도 없습니다. 그러니 형제 여러분, 우리 모두 우리의 중요한 임무인 성체 성혈 받는 것을 미루지 맙시다. 또한 우리 옆에 병자가 있을 때 병이 최악으로 악화될 때까지 기다렸다가 병자에게 성체 성혈을 주는 버릇을 버립시다. 그런 상황에 기다린다는 것은 살인적인 행위입니다. 왜냐하면 상태가 악화되면 병자는 의식을 잃게 될 것이고 의식이 없는 사람에게 성체 성혈을 주는 것은 우리 교회에서는 금지된 행위이기 때문입니다. 이 거룩한 음식은 죽은 이들을 위한 것이 아니며 살아있는 이들을 위한 것입니다. 그러므로 마지막 순간에 성체 성혈을 주어도 된다는 잘못된 해석을 믿고 의식이 없는 병자에게 성체 성혈을 주어서 결국에는 진정한 의미에서는 성체 성혈을 받지 않은 채 죽게 되는 일이 없도록 해야겠습니다.

# 4. 금식은 꼭 필요한 것인가?

 교인들은 성찬식에 참여하기 전에 정신적이고도 영적인 준비(고백, 화해, 영성체를 위한 기도, 절제)를 하는 것 이외에도 교회가 정한 바에 따라 금식을 지켜야 합니다. 이 금식은 수요일, 금요일, 사순절 등등에 하는 것을 의미합니다. 자주 성체 성혈을 받는 사람들은 위의 금식을 지키는 것으로 충분하며 다른 날에 더 이상 금식을 할 필요가 없습니다. 다만 영성체 전일 저녁식사는 간단히(그 정도는 경우에 따라 사제와 상담함) 하는 것이 관례입니다. 그러나 특별한 이유로 1년에 세 번 혹은 네 번 정도 성체 성혈을 모시는 사람들은 담당 신부의 판단에 따라 혹은 그 교인의 지구력에 따라 성찬식에 참여하기 전 며칠을 금식해야 합니다. 지구력을 얘기하는 이유는 병자나 신체기관이 허약한 사람은 오래 금식을 할 수 없으므로 담당 신부가 판단하여 다소간 금식기간을 짧게 해줄 수 있기 때문입니다.

영성체 준비 예식에서

성 대 바실리오스의 기도

우리 하느님 주 예수 그리스도시여,

생명과 불멸의 근원이시고, 유형무형한 만물의 창조주이시며, 영원히 존재하는 성부의 영원하고 또한 영원히 존재하는 아들이시여, 당신은 무한히 선하시기에 마지막 날들에 혈육을 취하시고, 은혜도 모르고 감사할 줄도 모르는 우리를 위하여 십자가에 못박히셨고, 당신의 피로써 죄에 물든 우리의 영혼을 깨끗하게 하셨나이다.

불멸의 왕이시여, 이 죄인의 회개를 받아주시고 당신의 귀를 내게로 향하시어 내 말을 들어 주소서. 주여, 나는 죄를 지었나이다. 하늘과 당신 앞에서 죄를 지었나이다. 또한 영화로운 당신의 모습을 볼 자격도 없나이다. 나는 선하신 당신을 화나시게 하였고, 당신의 계명을 지키지 않았고, 당신의 명령에 복종하지도 않았나이다. 그러나 주님은 관대하시고, 참을성 많으시고, 자비로운 분이기에, 내 죄로 인하여 내가 파멸에 빠지도록 내버려 두지 않으셨고,

내가 당신에게 돌아오기만을 항상 기다리고 계십니다.

자애로우신 주여, 당신은 예언자들을 통하여 말씀하시기를 죄인이 죽기를 원하시는 것이 아니라 오히려 그 죄인이 당신에게 돌아와서 살게 되기를 원하신다고 하셨습니다.

또한 주님은 당신의 손으로 만드신 창조물이 파괴되는 것을 원치 않으시며, 우리 인간들이 파멸되지 않고 구원을 받아 진리를 깨닫게 되기만을 바라신다고 말씀하셨습니다.

그리하여 비록 죄에 빠졌고. 환락의 노예가 되었기에 하늘과 땅을 보기에 부끄럽고, 이 순간적인 생을 살만한 가치도 없으며, 당신의 모습을 더럽힌 이 몸도, 당신이 스스로 만드신 존재이기에, 절망하지 않고 구원을 기다리며, 무한한 당신의 자비심을 믿고 감히 가까이 다가갑니다.

그리하오니, 자애로우신 그리스도시여, 창녀와 강도와 세리와 탕아를 받아주셨듯이 나를 받아주소서.

세상의 죄를 거두시며 인간의 약함을 고쳐주시는 주여, 나의 무거운 짐을 덜어주소서.

주는 피곤하고 무거운 짐을 진 자들을 부르시어 쉬게 하시며, 의로운 자들을 부르시기 위해서가 아니라 죄인을 회개로 이끌기 위해 이 세상에 오셨으니, 내 육체와 영혼의 모든 더러움을 씻어주소서.

당신에 대한 경건한 마음으로 이 성스러운 예식에 참여할 수 있도록 인도하여 주시옵소서.

깨끗한 나의 양심을 증인으로 삼아 성찬식에 참여하여, 내가 당신의 몸과 피와 하나가 되고, 당신과 성부와 성령이 내 안에 거하도록 하여주소서.

나의 하느님 주 예수 그리스도시여,

진정으로 그렇게 하여 주소서. 또한 정결하고 생명을 주시는 당신의 신비로운 성찬에 참여하는 것이 단죄 받는 결과를 가져오지 않게 하시며, 합당한 준비 없이 당신의 성찬에 참여함으로써 영혼과 육체가 병드는 일이 없게 하소서.

숨이 끊어지는 순간까지 단죄 받음 없이 당신의 성찬에 참여할 수 있게 하시고, 성령과 친교를 맺게 하시고, 영생을 얻게 하시고, 당신의 두려운 제단 앞에 섰을 때 당신 말씀대로 말하고 행동하였다고 얘기 할 수 있게 하소서.

주여, 그리하여 나도 또한 당신이 선택한 자들과 함께, 당신을 사랑하며 당신을 영원토록 찬양하는 이들을 위해 당신이 마련한 이 즐거운 성찬에 참여하나이다. 아멘.

성체 성혈을 영하기 위한 기도

주님이시여, 나는 믿고 고백하나이다.

진실로 주는 그리스도시요, 살아계신 하느님의 아들이시나이다. 주는 죄인들을 구원하시러 세상에 오시었고, 나는 그 중에서 가장 큰 죄인이나이다.

나는 이것이 지극히 정결한 주의 성체요, 고귀한 주의 성혈임을 믿나이다.

그러므로 주께 비오니, 나를 불쌍히 여기소서.

알게 모르게 말과 행실로 범한 죄를 용서하소서.

나로 하여금, 참으로 순수한 주의 성찬에 참여케 하시며 이 성찬이 내게 단죄가 되지 않고 죄의 사함과 영생이 되게 하소서. 아멘.

보소서, 제가 성체 성혈을 받으러 나옵니다.

창조주시여, 당신은 가치 없는 자들을 태우시는 불이시니 내가 성체 성혈을 받을 때 나를 불로 태우지 마옵시고 온갖 더러움에서 깨끗하게 하소서.

하느님의 아들이시여, 오늘 신비로운 성찬에 나도 참여케 하소서. 주의 원수들에게 이 신비스런 성찬에 대하여 말하지 않으리이다.

유다처럼 주님께 입맞추지 않고, 오히려 저 강도처럼 주님께 고백하나이다. 주님이시여, '주의 나라에서 나를 기억해 주소서' 하고 고백하리이다.

신성한 피를 보는 인간들이여, 두려워할지어다. 이는 가치 없는 사람들을 태우는 불이니라.

하느님의 몸이 나를 깨끗하게 하고 살찌게 하는도다.

놀랍게도 내 영혼을 정화하고 내 생각을 풍부케 하는도다.

그리스도시여, 당신은 나를 당신에 대한 열망으로 가득차게 만드셨고, 당신의 신성한 사랑으로 나를 변하게 하셨나이다.

영혼의 불로 내 죄를 태우시고, 당신 안에서 즐거워하기에 합당한 자 되게 하시어 선하신 당신의 두 현존을 위대하게 할 수 있는 자 되게 하소서.

당신의 성인들이 모이는 빛나는 자리에 보잘것없는 이 몸 어찌 감히 다가갈 수 있으리이까?

내가 감히 연회장에 들어가려한다 할지라도 입은 옷이 예식에 적합한 옷이 아니기에 천사들이 나를 붙들어 내쫓을 것입니다.

자애로우신 주여, 내 영혼을 깨끗하게 하시고 나를 구하소서.

자애로우신 주, 나의 하느님 예수 그리스도시여,

성스러운 이것이 나의 가치 없음으로 인하여 내게 단죄가 되지 않게 하시고, 내 영혼과 육체의 정결함과 거룩함이 되게 하시며 앞으로 받을 생명과 왕국의 약속이 되게 하소서.

하느님이신 당신에게 매달려 내 구원의 희망을 맡기는 것이 옳은 줄로 아나이다. 아멘.